主持人
赵川
出生地
四川成都
毕业院校
浙江传媒学院
代表作品
《爱情保卫战》
《谁在说》
《生活广角》等

　　赵川的主持风格自成一派，在《爱情保卫战》的舞台上，更多的是在做一名清醒而理智的旁观者。他凭借自己的亲和力让前来解决婚恋问题的男女敞开心扉，聊出内心深处的真实想法，也能凭借自己的幽默和机智化解场上的尴尬和紧张，甚至当嘉宾和爱情导师言辞过于犀利、严肃的时候，更能一针见血地指出问题所在。

爱情导师
涂磊
出生地
江西南昌
毕业院校
南方冶金学院
（现江西理工大学）
代表作品
《爱情保卫战》
《非你莫属》
《深度观察》
《幸福来敲门》等

　　自从《爱情保卫战》开播以来，涂磊从最初的驻场嘉宾，一直到现如今的"爱情导师"，凭借的不仅仅是他对每一对来这里寻求帮助者的关心，更重要的是正确的爱情观和犀利的言辞，让很多陷入感情困局的男女觉醒，明白"爱"究竟是怎样的一份深厚情感。涂磊的评论时常棱角分明，观众称之为"毒舌导师"，却也能感受到这份"毒舌"背后的"爱之深责之切"。

情感嘉宾

陆琪

职业

中国畅销书作家、编剧

毕业院校

浙江传媒学院

经历

他被称为"情感奶爸",是最红的情感心灵、职场励志作家,中国作家百万销量俱乐部成员。代表作品《婚姻是女人一辈子的事》获得 2013 年中国作家富豪排行榜年度情感励志作品。2013 年 10 月 15 日陆琪受聘为浙江传媒学院导师。2014 年,担任浙江省网络作家协会副主席。

最早知道陆琪的人,都是通过他的文学作品,他曾经用文字抚慰了很多受伤的心。通过《爱情保卫战》的舞台,他走到了台前,直面那些为爱迷茫、为爱痛苦的人们。他的点评就如同他的文字一样有着某种魔力,能够直抵人心,尽管有时并不中听,却成为他最显著的标签。

情感嘉宾

莎娜

职业

主持人、制片人

毕业院校

中国传媒大学南广学院

经历

内蒙古卫视《蔚蓝的故乡之草原花美男》制片人；优酷第一档明星访谈节目《优酷名人坊》主持人；对话数百位明星艺人；与"台湾第一女主播"侯佩岑搭档，共同主持东南卫视大型时尚节目《男神女神秀》；连续两年被邀请主持内蒙古卫视春晚；内蒙古第四届、第五届青年歌手电视大奖赛主持人；旅游卫视《美丽俏佳人》主持人；贵州卫视《育儿大师》主持人；深圳卫视《时尚旅游》《时尚家居》主持人。

　　莎娜最近两年才开始成为《爱情保卫战》栏目的常驻情感嘉宾，成为在舞台上为数不多的固定女性嘉宾之一。有人曾经这样形容过她的点评，如同潺潺流水，展现出女性特有的温柔，让迷惑于爱的男女找到心的方向。不同于涂磊的犀利，不同于赵川的理智，她用女性特有的角度为那些迷茫的人指点迷津。

捍卫你的婚姻

《爱情保卫战》栏目组 编著

天津出版传媒集团

天津科学技术出版社

《爱情保卫战：捍卫你的婚姻》为天津广播电视台官方图书，由天津广播电视台授权京华书媒（北京）文化传播有限公司并委托天津科学技术出版社和北京知库文化传媒有限公司在中国内地出版发行中文简体字版本，非经书面同意，不得以任何形式转载和使用。

图书在版编目（CIP）数据

爱情保卫战：捍卫你的婚姻 /《爱情保卫战》栏目组编著．-天津：天津科学技术出版社，2018.10

ISBN 978-7-5576-5780-2

Ⅰ．①爱… Ⅱ．①爱… Ⅲ．①婚姻—通俗读物 Ⅳ．①C913.13-49

中国版本图书馆 CIP 数据核字（2018）第 226502 号

爱情保卫战：捍卫你的婚姻

AIQING BAOWEIZHAN：HANWEI NIDE HUNYIN

责任编辑：郑　新　孟祥刚

出　　版：天津出版传媒集团 / 天津科学技术出版社

地　　址：天津市西康路 35 号

邮　　编：300051

电　　话：（022）23332674

网　　址：www.tjkjcbs.com.cn

发　　行：新华书店经销

印　　刷：廊坊市海涛印刷有限公司

开本 710×1000　1/16　印张 13.75　插页 2　字数 200 000

2018 年 10 月第 1 版第 1 次印刷

定价：29.80 元

代序
谢谢你们，让我鼓掌——陆琪

上过很多节目，而《爱情保卫战》，是我感情最深的。

不管发微博还是别的，总有很多人在评论栏里问，什么时候能回《爱情保卫战》。而朋友的父母里，亲朋里，也有许多人因此而喜欢我。

但今天并不想讲这些，今天我想讲讲关于"成长"。

许多年前我就是《爱情保卫战》的嘉宾，很资深了。然而中间几年没有再上节目，直至近一年，才又回到《爱情保卫战》。

也许很多老观众会发现，坐在嘉宾席上的那位陆老师，好像有一些变化。

不止是胖了一点，似乎没有从前那么凶了，更没有那么爱骂人了。

这个男人的这几年，发生了什么呢？

几年前，微博正红，每天我都能收到成百上千封情感求助私信，其中很多，都和参加《爱情保卫战》的男女嘉宾一样，或者困扰，或者痛苦，或者针锋相对。

那一天，我和往常一样来到演播室外，准备参加录影。看着台本，我感到一阵很深的焦虑。

这是生理性的，身体能清晰感受到的焦虑，让我非常痛苦。

这焦虑或许来自不久前经历的一个案例。我帮助了一个经受家庭暴力的女性，给她分析丈夫的心态，为她做将来的生活规划，劝她离开并开始自己新的生活。我把她丈夫骂了个狗血淋头，针对他家暴的行为。那位女性被深深折服，决心离开暴力的丈夫。

大概过了半个月，我想起这个事情，再去回访，发现那位女性什么都没做，依旧在家里，依旧让老公养着，依旧忍受家暴。当时跟她说的一切，她答应要做的事情，都像没发生过。

我问为什么？

她说，这都是命。是命，就受着。

在那几年里，我经历过许多人的痛苦，绝大多数人来寻求建议和帮助，然而回去之后，他们依旧站在原地，一动不动。

在《爱情保卫战》的舞台上，也有许多人当时发誓要改，可下了台之后，生活依旧不会有任何的变化。

我感觉到很深的焦虑，我在想自己的价值到底是什么呢？是在台上咆哮着制造更深的矛盾？是说一些温开水一样的话让人哭泣？是强作深沉让看电视的人更加崇拜？

所以那次节目下来后，几年时间里，我没有再上《爱情保卫战》，我想要去寻找成长。

我相信，人都是需要成长的，哪怕别人叫我老师，哪怕我已经三十多岁了，但成长的路，依旧在不远处。

没有上《爱情保卫战》的时光里，我走了很多的路，见了很多的人，吃了很多的苦，看了很多的书，也做了很多的事情。

我一个个的城市跑下去，和失恋的人拥抱，陪着她们哭泣。我像阅读自己的人生一样，去阅读别人的故事。我去关注那些因为感情创伤而抑郁的人。我去接一个个的电话，听着女人们在电话那头啜泣。我努力从心理学、神经科学里寻求答案。

在这个人世间，大概有一百万种痛苦。每个人都觉得自己在经历独一无二的那种，因为每个自我都是独一无二的。

我们痛苦，是因为我们有太多想要，太多不想失去，太多不甘心。

这里面有太多太多的自我。

有一天，我忽然发现，或许在这些痛苦里面，并没有所谓的"对错"，也没有真正的"好坏"。所有的一切，不过是立场而已。

你认为的错，不过是别人的对。你觉得不好，而他可能觉得好得不得了。

对你来说是渣男，对他来说却不过是"自由"。

我们保卫的是爱情，而爱情是两个人的事情，由哪一个人来定"好坏对错"呢？你觉得爱下去是好，而他觉得爱下去是错，那么……谁对谁错？

在那一瞬间，我终于明白了。原来爱情，是不讲"好坏对错"的，或者说，是没有绝对的"好坏对错"。

所有一切，都是成长。

是的，你爱上了，你温暖地度过每一天，你生气，你哭泣，你威胁要分手，你真的分手，你想要复合，你被拒绝，你痛苦，你撕心裂肺，你慢慢遗忘，你又爱上了新的陌生人，你嫁人了，你幸福或者不幸。

所有所有的一切，在我们的人生里，都只是某一个时间点上所发生的某一个当下，而度过了这一个当下的苦难，我们就成长了。

一切的爱和不爱，都是成长。

现在，我又回到了《爱情保卫战》的舞台上。

我不再那么嘶吼着骂人，尽可能用认知心理学的方法来教人们如何度过当下的难关，而不是虚妄地去判断谁对谁错。

而当几年后，又坐回那个位子时，我热泪盈眶。不是因为感怀，而是因为我突然发现，那些参加节目的男女嘉宾们，竟然也成长了。

以前说一切都是命的女人们，现在竟然成了女强人，在感情里贫弱的不再是她们。

以前说女人就是要靠男人养的姑娘们，现在竟然愿意为了实现人生梦想，而让结婚时间再往后推一些。

以前那些恳求着爱人多照顾自己的女孩们，现在都不会过度依赖，反倒是男人们越来越多地求关爱。

看啊，一切都在成长。

我在成长，节目在成长，时代也在成长。

台上的人们，台下的人们，都在成长。

为你们鼓掌。

谢谢你们，让我鼓掌。

2018 年 7 月 3 日于算爱研习社

代序
在爱情和婚姻的道路上，学无止境——莎娜

　　说实话，得知要为《爱情保卫战：捍卫你的婚姻》一书写序时，我诚惶诚恐。正如我第一次参加《爱情保卫战》的录制时一样……做主持人八年，自问大场面也见了不少，但从未如此紧张过。为什么？因为我一直是这档节目的忠实粉丝，作为电视业内人士，也一直对《爱情保卫战》这档节目怀着仰慕与敬畏之心。对于《爱情保卫战》这档王牌节目而言，我是新人，也是情感嘉宾中年纪小的，每次被称呼为"莎娜老师"时，都觉得受之有愧……因为每一对男女的故事对我而言，除了陪着他们一起笑一起哭之外，更多的是自我反思和成长。而我能为他们做的，就是分享。

　　我大学的专业是戏剧影视文学（俗称：影视剧编剧）。在剧本创作初期，首先要做人物小传，当时为了专业过硬，还自学心理学和星座知识。但录了一年的《爱情保卫战》才发现，影视作品中的人物关系真的只是生活中真实爱情婚姻状态的凤毛麟角……

　　我是85后，刚刚步入中年的人群。结婚生子，人生的大事儿都在恰当的年龄完成了。二十一岁与我的先生相恋，恋爱四年步入婚姻，结婚三年孕育了"胜利果实"，现在儿子一岁多。在一起近十年，我青春最美好的时光都是与他度过的。但也不全是甜美幸福，一路磕磕绊绊，跌跌撞撞……幸好，我们到现在都还记得相爱初心，怀念那份怦然心动。我们依然会择日进行二人世界的约会，随便一个咖啡厅，话题不断，滔滔不绝。因此，我对待爱情婚姻都有着自己的"经营之道"，接下来与你分享我的想法。

爱情不是山盟＋海誓，而是爱慕＋感情。

人们总说爱情是荷尔蒙分泌的产物，其实荷尔蒙分泌的只是激情、好感、相互吸引。

而真正的爱情需要时间，甚至磨难的考验。不然，何谈"保卫"呢？

几乎所有陷入爱恋的情侣都会在最初三个月感觉自己找到了真命天子或天女，非他不嫁，非她不娶。可是激情期一过，就会出现各种各样的矛盾。

当初认为他是霸道总裁，现在觉得是大男子主义；当初庆幸他是听你话的小男人，现在觉得太黏人没担当……甚至可能会为了今天吃什么而大吵一架。

接下来，生活就过成了狗血电视剧。彼此觉得性格不合，怀疑当初自己是不是瞎了狗眼。负责任地告诉你，多半是你瞎了狗眼，没有看到伪装背后的真面目。

谁会在爱情初期把所有坏的一面暴露无遗呢？想想自己在最初约会的时候不也是挑最漂亮的衣服，踩最高的高跟鞋逛街看电影吗？即便穿一天高跟鞋都不觉得累，直到晚上睡觉脚疼才追悔莫及。所以你凭什么要求对方待你一直如"初恋"呢？

因此给各位享受甜蜜爱情撒狗粮的情侣们一句忠告：水别倒太多，话别说太满。一开始使出浑身解数，之后就只有走下坡路；让对方慢慢发现你的好才会更迷人。

每天都比现在多爱你一点的细水长流，远胜于电闪雷鸣的倾盆大雨。

那到底该如何"保卫"爱情呢？

当你苦心经营你的细水长流时，爱情的磨难和考验到了。生活本来就不都是快乐和幸福的旋律，爱情也如此。你只能享受爱情带给你的怦然心动，却不能承担这背后的酸甜苦辣，那么势必每一段爱情都会伤痕累累。

爱情，需要"退一步海阔天空"的心态。除了保持心态，我们更应该在"战略"和"战役"这两个视角做好"保卫"的工作。在某次吵架的战役中你赢了，

不代表你可以赢一辈子，也不是主动承认错误就代表你爱得多，他爱得少。

你赢了一次吵架，他主动道歉，又能怎样呢？你在对方心里已经在减分了。

最后，一段恋爱中，你吵赢了每一场架，也没道过一次歉，却输掉了一个人，弄丢了一份感情。这是"战略"上的大失败。

所以，爱情需要感性，同样需要理性。要享得了"激情"，耐得住"瓶颈"。

当你在爱情迷途之时，不妨问自己三个问题：第一，我有没有改变？第二，我是不是足够优秀，配得上自己要求对方变成的那种爱人？第三，这个世界上除了父母有毫无回报的爱，还有别人吗？

归根到底："己所不欲，勿施于人。"其实是爱情中最受用的金句。

当然以上所有是送给认真对待爱情的你们，如果你在这段爱情中只是"路人"（咱们节目的粉丝都知道，爱情中走马观花的人，都被我称其为"路人"）或者"备胎"，那请当以上全是废话，只记住两句话：第一，出来混，早晚要还的。第二，备胎永远是备胎，就算转正，也会有下一个备胎出现。

爱情的终点是婚姻吗？婚姻的终点是坟墓吗？

显然答案都是否定的。

爱情和婚姻根本没有终点。爱情到婚姻需要水到渠成，还需要天时、地利、人和，外加三观。

婚姻本没有坟墓，"作"的人多了也就有了坟墓。

进入婚姻之前请三思三思再三思！你们是否三观相近？最起码有一样相同的兴趣爱好。因为这关系到未来漫长的岁月中，你会过怎样的日子。

谈到婚姻之道，其实写 N 篇序都写不完，因为婚姻中现实的问题太多。

因此我分享几点我认为婚姻比较重要的相处之道。

步入婚姻的两个人就像把两个齿轮组装在一起，想要变成一个大齿轮，就需要打磨，轮齿与凹槽需要精准对位，时间长了，还需要添加润滑油。

打磨的过程显然是痛苦的，在同一屋檐下生活，两个人在原生家庭中已然形成的个性需要为了另一个人有所改变，这需要强大的爱与理解。

婚姻不是要彻底消磨你所有的个性，只是在家庭生活中需要有所牺牲，在外工作时依然可以保持你所有的个性。

婚姻中最实用的一招是忍。忍一时风平浪静，伤人的话请憋三秒。

俗话说，再完美的婚姻都有一百次离婚的念头和五十次想掐死对方的冲动。但就在你想冲去掐死对方的途中，看到了他（她）爱吃的路边摊，会停下脚步买一份，然后再继续赶回去掐死他（她）。这就是最真实的爱和婚姻常态。

每一个家庭都有鸡飞狗跳，都有日子过不下去的时候，但如果彼此懂得包容，懂得理解，懂得忍，那么婚姻的幸福还会继续！

婚姻中需要平等，男主外女主内，可以，但请不要只做甩钱的大爷。有人说，保姆式妻子、丧偶式育儿、守寡式婚姻是中国女人婚姻的三大不幸。而归根结底，这些不幸的根源都是家庭中丈夫责任的缺失。但指望短时间之内改变这种现状，可能有些困难，那么不如女人自己变得强大，有自己的天地和事业。不依附，不寄托。当你足够优秀和完美，世界的中心不再是家里的一亩三分地时，抱怨就会少，计较也会少。男人们也就自然会敬你三分！自己心情舒畅比什么都重要。

婚姻中最重要也最不可缺少的是：沟通与对话。如果你们都爱这个家，爱彼此，那么无论再忙也请抽出十分钟来倾诉和倾听，不要冷战，不要吵隔夜架。

在婚姻生活中懂得知足，学会感恩。通过倾诉和倾听理解彼此的不容易，多换位思考，站在对方角度想问题，会把许多不良情绪扼杀在摇篮中。

最后，我也想"俗气"一下：感恩对我不离不弃的经纪人莹妈，感恩信任我的车总，感恩支持帮助我的艾潼姐、牛牛、臧哥，感恩赵川老师、涂磊老师，所有搭档的前辈们。感恩为《爱情保卫战》付出的工作人员们。因为你们，我才能拥有这么宝贵的机会去聆听，学习，成长……

当然，更要感恩的是：所有《爱情保卫战》的观众朋友和读者，愿我们在爱情婚姻的道路上一同成长，收获幸福，收获更美好的自己。

2018 年 7 月 3 日

目录
Contents

第一章　步入婚姻的门槛

第一节　不被父母祝福的婚姻是残缺的幸福 002

第二节　请尊重法律、尊重自己 016

第三节　婚姻的本质是要收获幸福 030

第二章　通往幸福的真谛

第一节　男女搭配才能干活不累 038

第二节　我们是家庭天平的两端 051

第三节　建立一座沟通的桥梁 065

第三章　生活总会有些风雨

第一节　夫妻本是同林鸟，共同迎接风和雨 082

第二节　请以专一且真诚的心态面对婚姻 099

第四章　和长辈相处是门学问

　　第一节　让自己成为家长和伴侣的润滑油 114

　　第二节　长辈不应该过分干涉 127

　　第三节　心怀感恩才能不去抱怨 141

第五章　迎接孩子要做好充足的准备

　　第一节　迎接孩子更应注重转换角色 156

　　第二节　家庭、事业该如何取舍? 169

第六章　二婚，是情感的重新选择

　　第一节　不要让感情活在过去的阴影里 184

　　第二节　再婚家庭的子女教育 191

后记：婚姻不易，且行且珍惜 205

目录
Contents

第一章

步入婚姻的门槛

第一节　不被父母祝福的婚姻是残缺的幸福

　　爱情，是两个人的事情，但婚姻却是两个家庭，甚至是两个家族之间需要共同面对的"头等大事"。尽管现在有很多年轻人都认为："只要我们小两口愿意就可以了。"但真正涉及婚姻之后，往往就会陷入"不听老人言"的困境。因为婚姻不仅仅需要爱情作为基础，同样要面临着很多现实方面的考量。

　　父母的认可是其中最基本的一项要求，女方如果无法得到男方父母的认可，那么在未来的生活当中，会出现很多无法避免的婆媳矛盾；男方如果无法得到女方父母的认可，那么在今后的婚姻当中，出现一点错误都会成为岳父岳母的挑剔、成为妻子的抱怨……

　　一段婚姻，感情基础是根基，父母的祝福和帮衬也是维持婚姻的基本保障，如果没有父母的祝福，那么这段婚姻只能算是"残缺的幸福"。

为何你总是苦苦相逼？（节目日期：2016年3月31日）

主人公： 小宋（男，26岁，来自唐山，司机）& 小玉（女，24岁，来自唐山，服务员）

保卫战主题： 男方希望结婚，渴望得到女方父母认可，但女方认为男方的逼迫让自己无法喘息，想要分手。

　　小宋和小玉原本是同事，都在一个饭店里打工，小宋的风趣幽默、细心体贴让很多同事都对他交口称赞，小玉也觉得他是一个非常不错的小伙子。有一

天早上，小宋突然手捧一束玫瑰走到小玉面前，这个突如其来的浪漫举动让小玉非常感动，于是两个人就走到了一起。

在一起之后，小宋的浪漫举动都让小玉感到非常幸福，他总是会准备一些小惊喜，让她觉得对方把自己时刻放在心上。就这样两年的时间过去了，小宋觉得是时候准备结婚了，可没想到的是，小玉的父母却非常不满，甚至强烈反对他们在一起。

原来，双方家长见面的时候，女方父母提出要在市区买一套婚房，但是男方父母觉得房价太高，无力承担，两方就这样僵持下来。女方父母觉得男方没有诚意，而且男方的父母太过强势，自家女儿嫁过去也不会幸福，所以才强烈反对。

双方家长见面闹得不欢而散，但小宋和小玉两个人舍不得就这样放下两年的感情，仍然坚持在一起。小宋希望小玉回家再和父母沟通沟通，让他们转变对自己的态度；而小玉也希望小宋能在自己父母面前好好表现一下，用行动来证明。

在接下来的时间里，小宋回到家就不停地和父母说，小玉是一个多么好的姑娘，两个人在一起多么开心，原本不太同意的父母最终也默许了他们这段感情。小宋这边有了进展，可小玉那边却完全没有动作，他想带着一些礼品上门去拜访，但小玉却总是阻拦着，认为父母根本就不同意，贸然上门只会增加父母对小宋的反感。

就这样，又两年的时间过去了，小宋仍然没有得到小玉父母的认可，而小玉本人也并没有采取积极的态度去解决。在这种情况下，小宋竟然想要用一些非常偏激的方法：比如想让小玉从家里偷户口本，两个人悄悄地去登记；又或者想要小玉先怀孕，这样一来父母也就无法反对了。

这些异想天开的想法让小玉内心产生了很大的阴影，觉得小宋为了结婚完全不顾及自己的感受和处境，她非常抵触。眼看着女友根本就不"配合"自己的行为，小宋越来越没有安全感，只要下班就跑到酒吧里买醉，脾气也越来越火爆，自己稍微有点不顺心就拿小玉撒气。而小玉也越来越觉得小宋变成了另一个人，已经不再是曾经那个对她好、把她放在心上的男友了，或许父母的反对是正确的，所以就和小宋提出了分手……

丘比特问卷专家妙语

资深媒体人阿檬：我先分析一下男方的心理，当小宋去对方家里，女方父母提出了这个要求的时候，我认为男方的自尊心、自信心，以及男方家庭的自尊都被摧毁了。尽管小宋矢口否认，但实际上他在被拒绝之后的所有粗暴的举动，以及在现场的反击行为，都表现出小宋内心对于自己不能被对方家里接受的心理落差，所以才导致了他后来出去酗酒、夜不归宿，都是不能正视自己的现状的表现。姑娘，我问你个问题，如果小宋被拒绝后没有提出那么多无理要求，比如偷户口本、未婚先孕，你是否会提出分手呢？小玉回答说不会。阿檬继续说，那么小宋的种种极端行为，其实正中小玉父母的下怀，如果小宋能够坦然地接受现实，依然保持原来的样子对待感情、对待小玉，两个人感情非常稳定，没准早就打动了小玉的父母。可是现在小宋所采用的种种方式都是烦躁、冲动、失去理性、自暴自弃，这些行为对待两个人的感情是非常大的伤害。小宋只站在自己的角度去思考，却没有真正替小玉考虑，一方面女孩要承担男友给她的压力，同样也需要去承担父母带给她的种种压力。小宋总是认为小玉现在萌生退意，是对自己的背叛，但在感情世界里，有一些放手并非是因为有了新欢，而是因为在你面前只剩下压力，正是自己的逼迫让对方背叛了这段情感却仍然不自知。

心理专家于际敬：两个人想要结婚，男方应该做的事情叫"求婚"，可是小宋做的事情叫"逼婚"；逼婚不成，又生一计，让小玉去偷户口本，叫"偷婚"；实在不行，想要木已成舟、奉子成婚，这叫"骗婚"。如果真的通过这些达到了结婚的目的，那我相信在不久的将来，两个年轻人一定会"悔婚"，最后那叫什么呢？只能叫发昏！据我观察，我觉得小宋是一个处理事情很直接的人，这不仅仅体现在他处理婚恋问题当中，相信人际关系、社会关系同样存在这样的不足。在这里我只能给出一个建议：小宋不要多说什么、不要要求什么，只是发自内心地对女孩好，兴许还能有一线转机。

爱情导师涂磊：但凡是在父母阻拦的情况下，会有三种方式在一起，这三种方式代表着爱情的三种境界：最高境界是私奔，勇敢追求自己的幸福；再下一个档次就是偷户口本，暗示我们木已成舟，胁迫父母；最下作的方式就是奉子成婚，生米做成熟饭。可以说，后两种方式小宋都曾想过。虽然我并不认为私奔就一定是正确的，但是在这三种方式当中，私奔最需要勇气，要去承担婚姻的责任和对对方的爱。幸好女孩是聪明的、洁身自好的，幸好女孩知道其实婚姻不是用孩子去胁迫父母。如果小宋真的想结婚，想和女孩在一起，就应该向她的父母证明我们很幸福，这才是一个男人的勇气。到了那个时候，女孩的父母会因为曾经强烈反对这段恋情而感到愧疚，女孩自己也会因此义无反顾地站在小宋身边。可现在小宋搞错了方向，想要用比较下作的两种方法达到目的，反而让小玉觉得，男孩正如父母所说，不是一个值得托付终身的男人。还有一点，男方为什么那么着急结婚呢？他对婚姻并没有详细的规划，并不是势在必行的。结婚证虽然只是一张很轻的纸，但对于两个人的爱情而言，它是要到了水到渠成、该结婚的时候，才会显得很重。所以小宋一定要想清楚，究竟是让小玉更幸福重要、让两个人的感情更深刻重要，还是那张结婚证书重要呢？

🌼 黄金60秒

小宋：来到这里之后我心里也想明白了，以后我会像从前一样好好对你，希望你能够回心转意，不要离开我。以后我肯定会努力，让你过上幸福的生活，希望你给我一次机会。我爱你！我一定给你最好的生活，希望你再给我一个机会，我一定对你好！

战争结果：女方愿意再给男方一个机会，重新开始。

🌼 小编点评：面对婚姻，我们更应该谨慎。

婚姻，原本应该是一件神圣而严肃的事情，但现如今，如果问大家为什么要结婚，相信会有很多人选择"年龄到了，差不多就结婚了"这样的选项。有些朋友认为，这种情况一般都出现在没有太多情感作为基础的"相亲市场"里，但实际上，很多自由恋爱的男女同样会遇到这样的情况，就如同小宋和小玉。

人们常说，爱情只有两种结果，一种是结婚，一种是分手。不可否认，这两种情况的确是爱情的最终结果，但相爱是两个人的事情，是否分手、是否走向婚姻，都应该得到两个当事人的认同，而不能只凭单方面决定。除此之外，还有更重要的一点，那就是这段爱情是否已经到了可以结婚的状态？

在小宋的认知里，他认为恋爱维持了几年的时间，两个人的感情也很不错（发生在逼婚之前），似乎就已经具备了可以结婚的基础。这并不是小宋一个人的问题，有很多恋爱中的男女对待婚姻并不具备清晰的认知，常常认为相处了几年并没有出现什么太大的问题，就水到渠成地准备结婚了。他们对婚姻往往

没有经过深思熟虑，也没有做好角色转换的准备，更没有一个长期规划，甚至有些人只是为了"不让父母担忧""完成最传统的传宗接代"这样的理由。但这都是对婚姻极为不负责任的做法，既没有办法保障婚姻的质量，也没有办法为自己今后的人生负责。

这样的人在恋爱市场中不乏少数，但和这个情感案例相反的是，持有这种想法的人更多的为女性朋友。毕竟在"剩女"名声不好听的现在，有很多女性朋友在即将步入三十岁的时候匆匆结婚，在成为大龄产妇之前匆忙生子，但用不了多久就会觉得婚姻和自己想象的完全不是一回事。婚姻的主要目的并不仅仅是为了传宗接代，更不是因为年龄到了、时间差不多了，而是因为两个人同样都认可我们在一起会幸福。

就如同这个案例当中各位嘉宾所说，小宋只考虑到自己年龄大了，已经和小玉在一起两年的时间了，于是开始在小玉父母并不赞同的时候拼命给她施加压力，而没有采取积极的态度去面对，更没有一个成熟的、长远的规划。在小宋的心里，结婚似乎成为一个需要完成的目标，他只想要婚姻，而不是想要和小玉幸福。小玉的父母除了认为小宋没有经济基础之外，更重要的也是看清了这个男人并不成熟、没有担当。

爱情，只是两个人的事情，只需要男女双方相互认可，但是婚姻却需要男女双方的家长、亲朋好友的相互认可，只有这样，将来在融合的时候才会减少摩擦，才会有真正的幸福。毕竟，婚姻是需要祝福和扶持的，尤其是来自家长，这是非常关键的一大因素。

请父母成全这份得来不易的爱情（节目日期：2013 年 8 月 29 日）

主人公：小常（男，20 岁，来自黑龙江，汽车美容）& 城城（女，20 岁，来自黑龙江，服装导购）

保卫战主题：私奔男女希望女方父母成全自己。

　　小常和城城在学校举办的运动会中相识，当时城城参加跑步比赛却不小心摔倒，腿部流血不止，站在一旁的小常看到后就很热心地将城城送到校医务室，两个人就这样相识。随着时间的推移和了解的加深，小常和城城告白了。这原本是一段充满了青春气息的校园恋情，城城是个单纯的女孩，虽然在高中时期早恋，但她并不觉得这有什么，所以就非常坦然地告诉了自己的母亲，小常也同样如此。

　　高中生的早恋一向不被人支持，小常的父母认为学生的主要工作就是要学习，早恋总归是会影响学习的，就采用了最常见的"高压管教政策"：他们没收了小常的手机，也不允许小常碰电脑，通过网络联系城城，平时上下学也都是父母去接送；城城的父亲早亡，只有母亲拉扯着城城姐妹，她听说小常的父母家境富裕，就很担心小常会和那些所谓的"富二代"一样玩弄自己家的掌上明珠，也同样坚决不允许女儿再和小常继续下去。

　　高压管教并不能阻止年轻的热忱和爱情的火焰，两个人仍然在外面偷偷地见面。时间长了，小常觉得不能再这样下去，否则他们这段爱情一定会和很多校园恋情一样夭折。于是，在高考前一周，趁着父母管理比较松懈的时候，他带着城城私奔了。原本城城是班级里的优等生，城城母亲也将所有的希望都放

在了女儿身上，而私奔导致城城没有上大学成为她内心深处的一块心病。

私奔的时候，城城带了自己所有的零花钱一千元，而小常则是带了自己从小到大积攒的所有的零花钱三十万，但他没有坦白告诉城城，只说自己带了五百块。两个人在长春租了一个非常小的、仅有几平方米的房子，每天都是靠吃面条、喝粥度日。后来城城觉得不能再这样下去，不如去哈尔滨投奔自己的表姐，然后再找个工作，至少能养活自己了。通过一个月的观察，小常就向城城坦白了自己的所有积蓄，认为自己能够带给城城幸福。城城很生气，她认为这三十万是小常从家里偷出来的钱，如果真的是这样，那小常的父母就更不能接受自己了。

为了证明自己的清白，小常叫来了自己的父母，让他们向城城解释这笔钱的来由。得知这三十万真的是小常从小到大收到的压岁钱的积蓄，城城放心了一些，但她仍然要求让小常的父母带走这笔钱，并保证自己一定能够和小常坚持下去。很快，城城就找到了服装导购的工作，但小常因为年纪小、没有经验迟迟找不到工作。

有一次，小常因为再一次的面试失败而感到非常沮丧，就买了一些酒回到租来的屋子喝闷酒，城城下班回家后看到的是他这样一幅颓废的样子，知道肯定是面试又失败了。她能接受男友找不到工作，但是不能接受男友变得颓废、不上进，就骂了小常几句。小常也很生气就跑了出去。当时正好是冬天，外面很冷，城城只好出去找他。可刚打开门，就看见小常坐在楼道里，并没有走远，她就问："你不是要走吗？"小常却回答说："在这里你人生地不熟的，我要是走了你害怕怎么办？"听完小常这番话，两个年轻人抱头痛哭……

经过这件事情之后，小常受到了很大的鼓励，决定换个思路，不要总想着怎么急于赚钱，而是去学一门手艺。恰好他到了一家汽车美容公司，从最底层的学员做起，一步步地成为独当一面的熟练员工，而城城则继续做着服装导购的工作。经过了两年的艰苦生活，两个人逐渐走上了正轨，不仅能够养活了自己，还能把小日子越过越有滋味。

小常的父母看到儿子现在越来越成熟，也看到两个年轻人这般不易，就认可了城城这个"准儿媳"，可是城城的母亲仍然对小常怀有抵触情绪。现如今，城城的母亲生病了，希望女儿能够回到自己的身边，不要再继续在外面漂泊；而城城则希望能够和小常结婚，两个人名正言顺地一起孝顺母亲……

丘比特问卷专家妙语

情感嘉宾瞿玮：看到他们的故事，其实我还真是被感动了，一边被感动着，一边还有点心疼。可以这样说，两个年轻人做错了一件事，但也做对了一件事：错，就是当初不顾一切，甚至荒废了学业选择离家出走；对，就是在离家出走之后基本上没有借助外力，而靠自己打拼。所以我给你们的建议是回归，回到双方父母的身边，即便是城城的母亲不能接受，但这也是男孩应该承受的，不要忘记了，因为你们的举动让城城母亲承受了两年的痛苦，用自己的行为和诚心去证明自己的实力，去感动城城的母亲。反过来，我也要为小常向城城的母亲说几句话，城城母亲一直在说男方家庭条件好，认为他是一个花花公子，怕自己的女儿会受气，但通过这两年的时间证明，这个男孩非常有担当，绝对不是一个花花公子，在这个舞台上，他的所作所为甚至强过很多比他大几岁，甚至十几岁的男人。城城的母亲，在女儿回到身边和女儿幸福这两个选项当中，一定会选择让女儿幸福，所以建议母亲通过一段时间的验证能够接受小常。

情感嘉宾陆琪：爱情是可以等待的，但人生是不可逆转的。小常贸然将女孩带走之后，她的一生为之改变：一个女孩在十八岁的时候，她的人生其实才刚刚起步，她不应该只读到高中，只见这么一点世面，但小常改变了它。小常爱一个人，但是却没有让她走一条好的、正确的道路，你因为无法等待所以就带走了她，让她和自己吃苦。我相信这也是城城母亲现在仍然生气的原因所在。事到如今，我们首先要想的，不是如何惩罚，或者是如何取得原谅，而是应该

爱情保卫战
捍卫你的婚姻

如何来弥补错误，让女孩回到正确的道路上去。我现在问男生一个问题，你现在是否愿意让女孩通过自己的努力去上大学？小常坦言说不愿意，因为他认为大学里会充满很多诱惑，城城会因为这些诱惑而和他分手。陆琪继续说，小常的爱是自私的，是把想要占有她放在首位的，如果你真的爱一个人，是会真心实意希望她更好。其实想要让城城母亲接受自己，最重要的就是要把这个症结梳理清楚。此时，小常听完陆琪的话之后，表示愿意让城城回到大学校园，如果可以自己也愿意陪伴城城继续上学，只要两个人能够继续在一起。陆琪继续给出自己的建议，城城母亲始终不相信小常的诚心，与其这样僵持着，倒不如到两个年轻人生活的城市，和他们一起居住一段时间，看看他们是怎么过日子的，看看这个"臭小子"对城城好不好；第二个建议就是让女孩继续读书，大学还是要上的。

爱情导师涂磊：私奔这个故事在很多文学作品当中出现，最开始都是因为大家的反对，但是失败最终总是会出现几种原因：第一、被现实的残酷所打败；第二、被外界的诱惑所打败；第三、冲破了层层阻碍之后才发现，两个人并没有真的那么爱对方，只是因为当时大家都反对才让两个人走得更近。这三个原因他们都克服过来了，像瞿玮说的，小常比台上很多其他所谓四五十岁还在为一套房子讨论结不结婚而吵得头破血流的那些男人做得更棒。但小常和城城之间的爱情现在却要被第四个原因所打败，这就是对家人的牵绊，始终需要家人来祝福。这其实也是两个人的优点。但你们显然太不了解女方的母亲，这位母亲一生清贫，丈夫早亡，一个人通过在建筑工地做工带大两个孩子，这些年吃过的苦和付出，两个孩子还不能理解，只能等他们将来为人父、为人母之后才能理解。两年来几乎日日夜夜、分分秒秒对她来说都是煎熬。在这个舞台上她自己说了，她在建筑工地上扎钢筋，自己尝够了不识字的苦楚，所以才希望女儿通过读书来改变命运，将来能够成才，这个愿望是何其的强烈，两个年轻人根本就感觉不到。尤其是城城刚才说的那番话太伤母亲的心了，她说我已经了不考大学选择，并且从未后悔。但是你要想到，这些年的成长有多少母亲的希望在你身上？大学不仅仅是属于你的，更多的还属于母亲，所以女孩根本就不能理解母亲的苦心。还有一个问题，男孩抱有私心，他担心一旦女孩上了大学，更加优秀，自己将无法再继续拥有她。也正是这种私心毁了女孩的前程，这一点是极为错误的。所以说从这个问题上，小常一定要改变，要支持女孩去复读，去考大学。爱一个人就应该露出自己博大的胸怀，不管你将来是否因为优秀而离开我，但我仍然要让你变得优秀，我要成全你，而不是因为我无法与你同行，就要把你拉到和我同一层次，那只是狭隘的爱。既然你们已经能够克服了种种困难，那我相信，女孩就算是考上了大学，两个人的爱情也能够继续下去。

战争结果：女方母亲决定暂时接受小常，把两个孩子都带回家，通过时间观察一下男孩子。

❀小编点评：爱情，应该是成熟的选择。

在所有《爱情保卫战》中，这对情侣是让笔者比较动容的其中一对：无论是这对年轻人坚守爱情的勇气，还是他们面对残酷现实的奋斗，或是在面对父母反对时刻的不妥协……正如情感嘉宾瞿玮所说，在这个舞台上，小常的所作所为比很多成熟的男人更有担当，做得更加出色。

但是，年轻人这种做法并不值得歌颂，也不值得推崇。爱情，应该是经过深思熟虑的，婚姻更是如此。一个人在三观尚未完全成熟的时候，所做的选择相对而言都是冲动的，尽管城城嘴上说对于当初放弃高考的举动不后悔，但在她的内心，或者说在不久的将来，她一定会认识到放弃高考是多么冲动的行为。陆琪所言不假，爱情可以等待，等待着被成全，但人生却无法逆转。

如果当初城城能够参加高考，无论她被哪所大学录取、学习什么专业，她的人生都不会局限在只能做服装导购；同样，小常也有可能会继续为自己的体育梦想而奋斗。年轻时任何一个轻率的选择都会改变人生的整个轨迹，这也成为城城母亲的一块心病。

或许，很多人都会感动于城城和小常对爱情的坚持，却忽略了他们冲动的本身。任何一段美好爱情的维系，需要的不仅仅是一时之勇，更不是一次冲动的选择。一段能够维系的美好爱情往往需要成熟的思考、慎重的对待，也正是因为这样，青春时期的爱恋往往都会以惨淡的失败而收场，就如同烟花一样，虽然绚丽，却只能在瞬间发出光和热，过后就只能留下片刻烟灰，成为脑海中的回忆。

在现实生活中，我们见过很多青年男女，不管是因为早恋，还是因为年轻导致对待爱情过于轻率，他们都曾经甜言蜜语、曾经轰轰烈烈，甚至认为遇到了人生之中最难得的、最刻骨铭心的真爱。可在他们的相处过程中，总是笼罩着争执、吵闹，以至于分分合合，直至筋疲力尽，所以才会出现"年轻时我们并不懂爱情"这一类的心灵鸡汤。

对待青涩的恋情，基本上会出现两种态度：第一种是全力支持，爱，本身也是一种能力，需要通过不断磨炼、学习才能够懂得如何去爱才是对爱人最好的方式，如果没有经历过青涩的情感，那么到了真正该迎接爱情的时候，他们只能被动地、茫然地去处理感情问题，结果自然而然也会不尽如人意，甚至有人会因此而错过今生挚爱；第二种则是全力反对，青涩的爱情往往发生在人心智不够成熟的年纪，大多数人在这个时期还会有比爱情更重要的事情，比如学业，比如刚刚起步的事业，如果将更多的精力分配给了爱情，那么势必会影响其人生发展。

对于这些争论，每个人心中都会有属于自己的决定和倾向，也会根据自身需求和所处环境做出相应的选择。然而，无论是选择事业、学业，还是选择爱情，都应该是成熟的，因为这个选择一定会影响今后的人生轨迹：有的人选择了用心学习、踏实工作，拥有了令人羡慕的工作和薪酬，但却和今生挚爱擦肩而过；也有的人选择了爱情，拥有了令人羡慕的家庭，但最终因此放弃了工作晋升或者继续深造的机会；更有甚者，在应该努力奋斗的时候一味地追求爱情，可等到三十而立发现自己碌碌无为的时候，因为生活琐事也失去了爱情……所以，爱情绝非一时冲动的产物，如果想要收获美好而长久的爱情，就必须经过深思熟虑的考量。

❀ 爱情感悟：婚姻，一定要圆满的幸福！

爱情，在通往婚姻的道路上，总会遇到这样那样的阻碍，其中有一项就是来自父母和家庭的阻力。每个人都有属于自己的原生家庭，家庭里的每个成员脾气秉性各不相同，尤其是在中国式家庭中，很多父母还抱着传统思想不放：比如作为男方的父母就希望将来的儿媳妇能够贤良淑德，上得厅房下得厨房，既能够拥有一个稳定的工作，又能够有时间照顾自己儿子的生活起居，最好婚后不久就能够为自己的家族开枝散叶……很多女方父母则是希望男方拥有富足的经济基础，有车有房有好工作，男方的父母最好知书达理，不成为小家庭的负担，男方专一体贴，能够主动让妻子掌管经济大权……

关于这一点无可厚非，每个做父母的都希望自己的孩子能够收获幸福，所以在面对孩子的婚姻归属的时候，他们往往会展现出较为自私的一面。在《爱情保卫战》的舞台上，我们见识到了很多父母只为自家孩子着想，却忽略对方的感受，从而成为婚姻道路上最大的障碍，甚至为了拆散小情侣而做出了比较极端的事情，让所有人都受到了伤害。

关于父母阻拦、反对恋情这个问题，曾经有人在网络上进行过问答："如果对方的父母强烈反对你们的恋情，你是否还会坚持下去呢？"回答者几乎各占一半，有一半人选择了会坚持，也有一半人选择了分手。其中有一个回答者的答案让笔者很有感触，他说："长痛不如短痛，即便两个人能够坚持，但婚后和对方父母相处同样也会出现各种各样的难题，对方又是长辈，我们也不能怎样，到了最后小两口肯定会矛盾不断。与其到了那个时候两两相厌，倒不如现在痛快分手。"

这位回答者可以说是说出了很多人的心声，尤其是那些当初相信真爱、不惜和父母决裂都要结婚的"过来人"的内心真实想法。在婚姻中，对方的原生家庭是不可避免的一大问题，即便是小两口自己居住，也只能是尽量避免与双方父母产生日常生活的摩擦，却并不能真正断了联系，尤其是在很多关键时期，比如生孩子、坐月子、逢年过节，再比如父母年龄大了需要照顾等，所以赢得对方父母的认可是婚姻幸福的一个基石，不可或缺。

可能看到这里，有很多年轻人对婚姻，或者是对与伴侣父母见面内心会有一些恐惧，也会有一些抵触，其实大可不必。无论是对方的父母，还是自己的父母，他们对待孩子的另一半会有一些要求和标准，这绝非是势力，更不是攀龙附凤，而是一种希望。他们希望孩子的另一半有一定的经济基础，是希望将来不让孩子陷入"巧妇难为无米之炊"的窘境；他们希望孩子的另一半受过良好的教育，是认为学习本身也是能力的一种体现；他们希望孩子的另一半的家庭通情达理，是希望自己的孩子不用每日面对比较复杂的家庭关系……归根结底，他们的初衷只是希望自己的孩子能够收获幸福。

这两个案例中，我们不难发现，父母强烈反对的背后，隐藏着他们的人生智慧。小玉的父母之所以反对她和小宋在一起，经济能力是一方面，另一方面就是他们认为小宋不知上进，而这一点也在他们今后的相处中得到了证实；城城的母亲反对她和小常在一起，主要是认为小常家境过于优越，而且两个孩子还太年轻，如果只顾着追求爱情，最终只能是荒废了学业，一旦女孩子失去了独立的能力，那在婆家就只能是处于被动的局面。

如何才能让对方的父母接受自己呢？其实在舞台上，所有嘉宾都说过，那就是尽自己最大的可能去努力，努力让自己变得更加优秀，努力给另一半真正的幸福，努力让两个人都变得更好。这才是真正的不二法宝，而不是那些冲动的选择和自私的宣泄。

第二节　请尊重法律、尊重自己

　　婚姻法里对适婚男女的年龄有着明确的规定：男方必须要达到二十二岁，女方必须要达到二十岁。可是在很多地区，由于各种不同的风俗习惯，有些年轻男女在尚未达到适婚的年龄之前，家里就已经给他们安排了婚事，即便是没有到岁数，也会在众位亲朋好友的见证下摆酒席，以此表示婚事成立。

　　但是这种传统的做法，既不符合情理，更不符合法理。

　　当年轻男女尚未达到真正成熟的时候，就让他们仓促地步入婚姻，过起柴米油盐、孝顺长辈、生儿育女的日子，他们又怎么能够正确地、理智地、成熟地处理婚姻带来的种种困难呢？尤其是在有了子女之后，心智尚未成熟的他们又怎么完成角色的转换，对孩子负起责任来呢？

　　另一方面，他们没有达到法定结婚年龄，只是通过"风俗"步入婚姻，如果两个人磨合得很好，能够顺利过渡，等到适婚年龄后再去领取结婚证，这已经是不错的结局；但是年轻人的性格并不成熟，他们无法真正理智对待婚姻和琐碎生活带来的痛苦，如果在这段时间内导致婚姻破裂，也很难依照法律来维护自身的利益。所以，在步入婚姻的时候，一定要尊重法律，尊重自己！

浪子回头能否相信？ （节目日期：2013年5月23日）

主人公：小谈（男，25岁，来自江西，汽车销售）& 小李（女，24岁，来自江西，茶叶销售）

保卫战主题：男方悔悟自己以前做了很多错事，想要和女友领证，可是女友却不敢相信他。

　　小谈和小李都住在一个村子里，小李的哥哥和小谈从小一起长大，他觉得这个小伙子非常仗义，为朋友两肋插刀，是个值得托付的人，于是就介绍给妹妹认识。小谈觉得小李是个不错的姑娘，就展开了追求，他常常去小李父母家，帮着他们做这做那，非常勤快。老两口一看，小伙子人不错，别看年纪小，可做起事情来却是很成熟，能够成为自己女儿将来的依靠，于是就做主将小李许配给了小谈。

　　在他们村子里，孩子很小就开始谈婚论嫁，也无须法律上的认可，只需要摆了酒席即可。所以女孩刚刚十九岁、男孩二十岁的时候，他们就在村子里摆了酒席，在大家看来，他们就是夫妻了。

　　酒席之后，小李住进了小谈家。刚开始小谈对小李还很好，没过多久，小李就怀孕了。原本这是一件值得高兴的事情，但没想到也成为两个人关系恶化的开始。怀孕之后的女人在身体上和情绪上都会有所变化，小谈本身就年轻，正是喜欢和兄弟们一起玩闹的年龄，小李特别不希望丈夫总是和兄弟们出去喝酒，管得自然也就多了起来。年轻的小谈根本就不能理解，反而觉得她越来越多事，埋怨也就多了起来。在一次喝醉酒的时候，他甚至出手打了正处于孕期的小李。小李简直不敢相信，原本对自己很好的丈夫竟然能殴打自己，一气之下便回了娘家。

酒醒之后，小谈也很后悔，连忙跑到小李父母家里去道歉。小李的父母是非常传统的老人，他们认为女人既然已经嫁做人妇，并且有了孩子，就不要轻易地说离婚，哪怕是为了孩子，两个人也要好好过。

就这样，小李生下来第一个孩子，很快又生了第二个。但是两个孩子相继出生之后，小谈仍然没有半点做父亲的意识，还是喜欢出去喝酒，也不愿意回来照顾孩子，而且还开始赌博，经常是欠了一屁股债，只能靠父母、姐姐帮衬着生活。小李劝他，可是他却根本听不下去，酒后还会家暴小李。等酒醒了，又再次道歉，甚至跪在地上求原谅。然后周而复始……

因为要养小孩，小李觉得经济压力非常大，而且小谈又是这样不靠谱的男人，于是她自己在外面找了一份茶叶销售的工作。为了工作，她常常要和老板出去应酬，开始用自己的肩膀扛起整个家庭的经济重担。小李的这种行为刺激了小谈，他觉得作为一个男人，竟然无法承担起养儿育女的重担，也开始努力工作，白天去做汽车销售，晚上还兼职做快递司机，凌晨三点才回家睡觉。可是，小李却始终不相信他已经变好了，因为小谈常常很晚才回家，尤其是因为开长途车，有时候路上累了，就把车停在路上休息片刻，等休息好了再继续开车。可小李却认为他不回家是因为去喝酒、赌博。

现在，小谈提出，想要去民政局领取结婚证，可是小李却坚持反对。小谈很担心，认为小李之所以没有离开，只是因为有了两个小孩，而两个人的爱情已经不见了……

丘比特问卷专家妙语

情感嘉宾瞿玮：男孩现在态度上有了一个很大的转变，有内因有外因：内因就是经过这么长时间他的确变得成熟了；外因是在于女方的转变。之前女方没有工作，后来又找了工作，这才是转折点。原先，她在经济上要依靠男方，情感上自然也是要有所依靠，现在她有了工作，有了经济来源，有了自己的一个圈子，已经越来越独立了。如果我们把爱情或者婚姻比作一条跑道的话，之前是女追男，而男的根本就看不到女方的付出；现在反过来，变成男追女了，因为女方独立了，男方内心就产生了恐慌。这是一个非常好的案例，告诉所有的女性，如果你想要改变一个男人，绝不是追在他屁股后头，苦苦地哀求他改变，而是让自己变强大。回到你们之间这个矛盾，先对男方来说，女方对你的态度就是你在为原先的过错埋单，所以你要付出更多的努力和爱让她感受到，你不能因为她现在没空理你就放弃，而是要用努力留住她内心中那份即将要消失的爱，不要再让她受伤害。跟女方说，如果说我们盼望一个浪子回头的话，那是一个不靠谱的事儿；但接受一个回头浪子，其实是可行的。过去的错就让它过去，往前看，一个浪子已经在你面前，他已经回头了，我觉得应该给他一个机会。而且你们还有两个孩子，所以我希望你认真考虑一下。

著名作家陆琪：我非常讨厌男方，但我也可怜女方，尤其是那两个孩子。两个人在一起的时候只有十九岁，没有工作，甚至没有结婚，就敢生孩子，而且还是两个。男方你仔细想想，两个孩子在家里等着，爸爸不见了，天天等爸爸，你知道他们有多依恋父亲吗？你知道他们每个月要喝多少奶粉，养活他们需要多少钱吗？你知道他们多需要亲情的关怀吗？你知道要培养他们未来需要花多少精力吗？什么都不知道就敢生下孩子，甚至怀孕期间还要去打女人，就这样的男人，一百个女人遇到你我都会劝她们分手。女方刚才说不相信你，她当然不相信，凭什么去相信？一次次说改，到最后都是一场空，你把这个女人的心一伤再伤，到今天你又回来说，我这两个月改了，凭什么相信你啊？你现在为什么要挽回她？不就是因为她现在独立了，你怕她遇到更好的，跟人家跑了吗？一个男人要让女人有安全感，其实是很简单的，最早的时候你让她觉得有爱，她就有安全感；之后你赚了足够的钱回来，她就有安全感；再最后实在什么都没有，你人在她的身边，她就有安全感。你说你要浪子回头，可以给你这个机会，但是你要做的事情是什么，你要了解她要的是什么，你应该有更多的时间去陪伴她，而不是说我去努力再挣点钱。你要把相当多的时间拿出来陪孩子、陪老婆，等老婆和孩子都放心了之后再去赚钱。

爱情导师涂磊：男人是多情而长情的，女人是痴情而绝情的，女人在痴情的时候，男人就多情，女人在绝情之后，男人倒变得长情了。所有不羁的过去，害了自己，也透支了别人的信任，如果真的是浪子回头，那还真是金不换，坦率地说，我认为男方是有所悔悟，但你并没有真正的浪子回头。我不相信承诺，我只相信时间，如果你真正意识到曾经对她的伤害，你今天不用到这里来，做好自己的事情就可以了，你无权对她再提任何要求。如果你只是无尽的忏悔，你完全可以照顾好两个孩子，给她最好的关怀，做好自己的贡献，却不提任何一个要求，这才叫浪子回头。把你的实际行动拿出来，做好自己的事儿，让时间做见证，让她看到你的回归，做一个好父亲、一个好男人，到那个时候，她自然而然就会回心转意。对于女方说，一个男人在你面前浪子回头，远远好于你再去找一个衣冠禽兽来欺骗你的未来，好歹打打骂骂也这么多年了，对这个男人你也算是了解，如果这时候你再找一个，不管是对孩子，还是对于你这种幼稚的本性，再上一次当、再受一次骗，人能有多少青春来损耗呢？让时间来做见证吧！

❀ 黄金60秒

小谈：咱们风风雨雨五年过来了，你经历了很多，我也做了很多，甜言蜜语我就不说了，我唯一的愿望就是我们能够继续走下去，把小孩抚养大，让他们上好的学校，接受好的教育，其余的我也不说了。还有我真的改。

小李：或许你现在真的改了，但我不知道以后你会不会改。

小谈：让时间证明吧，你自己在以后的时间里看吧。

战争结果：女方同意给男方一个浪子回头的机会，男方喜极而泣。

❀ 小编点评：婚姻的基石不能随意挥霍。

小谈和小李的故事，并不是一个特例，在《爱情保卫战》的舞台上，我们也常常看到类似的故事：在年轻男女尚未成熟之前就匆忙地进入婚姻，在有了孩子之后才发现自己根本就没有做好成家和生育的准备，把原本的生活变得鸡犬不宁，甚至还要让父母为这段错误的婚姻来埋单。

人们常说，年轻时我们不懂爱情，同样的道理，在年轻时我们更不懂得婚姻。婚姻并不简单，它不仅仅是两个年轻人因为感情走到一起，更要面临现实对情感的冲击，即便是思想成熟、做事稳重的人在面对这些的时候，都会有力不从心之感，更何况是小谈和小李他们呢？所以，因为不懂事、不成熟，导致婚后的生活变得一塌糊涂。

小谈因为曾经的不成熟导致他做了很多错事，让妻子小李寒了心，现如今他知道自己错了，也愿意用实际行动来证明自己已经改过，可小李却不愿意，也不敢去相信。或许很多人并不能够理解她，觉得小谈已经做出了改变，这是多么难得的事情，终于守得云开见月明了。可实际上，我们只是站在旁观者的角度，但当局者迷，她总会陷在曾经的伤害里，所以即便是小谈出去做兼职来补贴家用，但她仍然怀疑丈夫又如同往常一样，和狐朋狗友在外面喝酒聚会。

人们常说，婚姻的基石是爱与信任，当爱情升华到婚姻的时候，基石是最为稳固的。不同的夫妻对待婚姻的经营方式有所不同，懂得经营和包容的夫妻能够让基石越来越稳固、感情越来越深厚；但也有一些夫妻不懂得婚姻之道，无法很好地度过磨合期。当然，不懂得婚姻之道并不仅仅是如同小谈、小李这样的年轻人，但是年轻人往往会因为不够成熟、不够包容，更容易遇到这样的问题。

一旦婚姻的基石被破坏，即便是当事人变得成熟了、懂事了，也需要为自己过去犯下的错误埋单，因为曾经的伤害依然存在，如果碰到类似的事情，还是会勾起她曾经受伤害时候的回忆，所以面对小谈的种种改变，小李同样也感觉欣慰，可是她仍然不敢完全相信。这就是问题的真正所在。

有时候，因为年轻而犯下了错误，并不是简单地说句对不起，就能轻易获得原谅；有时候，因为草率而造成的伤害，并不会因为时间的推移就会变淡，反而会在心里成为心结，无法打开。所以，一段好的婚姻，不仅仅需要有爱和信任做坚实的基石，更要在今后的婚姻生活中努力让基石更加牢固，而不是去做一些事情去破坏。

......

有了爱情结晶，生活却一塌糊涂（节目日期：2015 年 6 月 11 日）

主人公：小许（男，27 岁，来自湖南，营销经理）＆小唐（女，24 岁，来自湖南，无业）

保卫战主题：女方要求领证，男方却希望她不要再这样任性，否则只能分开。

小许和小唐是一对小情侣，那时候小唐刚刚二十出头，正是爱玩爱闹的时候，她经常和朋友出去喝酒、刷夜，小许每次都会劝她让她不要总是半夜出去玩，但小唐总是不听。有时候因为半夜出门受了凉，她也不愿意吃药打针。小许每次都想，她年纪还小，不懂事，等长大了就好了。

半年之后，小唐发现自己怀孕了。虽然这件事情在两个人的意料之外，但是有了爱情结晶，小许也很开心，就提出要结婚。小唐却说必须要买套房子才愿意嫁给他，而且房子的标准也很苛刻，必须在市中心地段，要购买一百平方米以上，并且在婚后不能和小许的父母一起住。小许的父母原本想着把自住的县城的房子卖了，差不多能凑够市中心房子的首付，可小唐坚决反对。后来，小许跟朋友、亲戚借钱，好不容易付了首付，在装修的时候，却又出现了问题。

当时，小许忙着工作挣钱，小唐又怀孕了，不能东奔西跑，所以装修的时候主要是小许的父母帮忙跑前跑后。老人的眼光和年轻人的喜好肯定会有所不同，当房子装修好之后，小唐却指着瓷砖说，这个瓷砖好丑，一点也不体谅小许父母的辛苦。原本小许觉得房子应该设计一个小孩的房间，还要留出一间房给父母，毕竟以后他们也会来这里住，帮忙带小孩，可小唐却坚决反对，一定要装修衣帽间。因为买房和装修，小许几乎花光了所有的积蓄，在添置家具、家电的时候，就希望能够买一些便宜的，先暂时用着，等攒够了钱再换，可小唐却认为结婚是人生大事，希望能一步到位。两个人为了这些琐事争吵不休，但看在小唐已经有了身孕的份上，他也咬牙全部满足了。

因为装修、搬新家、养胎等一系列的问题，结婚的事情就暂时被搁置了，想着等孩子出生之后再说吧。没想到，生完孩子之后，两个人之间的矛盾却更加深了。

坐月子的时候，许妈妈来到市里照顾，但因为饭菜口味问题，小唐总是很不高兴。她很喜欢吃辣的，但老人认为，月子里不能吃辣的，否则奶水会影响小孩的发育。小唐就在网上查，坚持认为吃辣的不是什么禁忌，老人只顾着孩子，根本就不考虑自己的感受。

等出了月子，许妈妈仍然留在这里照顾小孩。有一次，小唐和朋友出门办点事情，没想到半路上就接到了小许的电话，原来许妈妈说她感冒了，就想让小唐赶紧回家照顾。但小唐却表示，自己的事情还没有办完，等办完事情再回去。小许认为她太任性了，即便是有了孩子，仍然没有任何改变。回家之后，两个人因为这件事情越吵越凶，小许口不择言说让她滚，一气之下，小唐就抱着孩子回了娘家。

气消了之后，小许就到娘家准备接小唐，但唐爸爸、唐妈妈非常生气，就说别人家为了娶媳妇，给媳妇买了辆二十万的车，我家闺女这么年轻就给你生了孩子，你还对她不好。小唐听完后也是一肚子委屈。同样，小许内心也很委屈，认为自己已经付出了这么多，可是对方仍然不满足，尤其小唐是太任性、太不懂事，于是就来到了《爱情保卫战》，想要听听专家的建议。

丘比特问卷专家妙语

心理专家于际敬：男方一直在嘴上说女孩很任性，可以这样说，从认识到现在，女孩的任性都以包容、忍让来结束。那你知道任性是怎么回事吗？小孩一哭，爸爸妈妈就会将注意力都放在孩子上，所以，任性本质上就是为了引起你的注意。每一次女孩的任性，都让男方屈服了、都让男方接受了，如果是我的话，以后我也会用这种方式来控制你。女孩任性的前半部分是她父母培养出来的，后半部分的任性是你培养出来的。一开始你就过分宠她，没有原则地退让，导致了今天这种被动的局面。对女孩要说的是，有些事情是要还的，你如果只是过多的索取的话，终究有透支的时候，所以现在才会处于这样尴尬的境地。你思考思考男方的话，那些要求是不是让他为难了，是不是超出他的能力范围了，他当然也希望你能对他好，能去体谅他，也想想自己是不是应该从孩子的状态转换到妈妈的状态。

嘉宾瞿玮：刚才你们在舞台上说的，我只听到了一个字，就是"要"，不停地"要"，俨然就是狮子大开口，没有底线。材料上说不光是要房要车，还要彩礼二十万，结果男方实在没钱了，就只给了八万，但还打了个欠条，说还欠十二万。所以你不光要，一味地要，而且没有家教。自己的孩子，让对方父母看着，不知道感恩，人家病了竟然还说是装病，你配做一个妻子吗？你配做儿媳妇吗？你配做孩子的妈妈吗？对待自己的孩子也能说出"我给你生了孩子"，然后就跑出去和朋友玩了，那是男方一个人的孩子吗？所有的表现，我看不出你对男方的感情，甚至于看不出你对孩子的感情。你带着孩子回娘家也不是出于真心想要孩子，而是作为对男方的要挟，想要我回去，可以，你就得给我什么什么。你们谈的还是感情吗？这是交易吧！请问你有工作吗？你除了男方对你的爱还有别的吗？一旦男方不想要妥协了，不想继续下去了，你什么都没有，甚至连生存下去的能力都没有，还想要孩子的抚养权？现在你最大的财富，就是男方的爱，缺了它你都无法生存。你还不赶紧认识到这一点，不赶紧弥补，不赶快对男方好，继续这样下去，一定有吃苦果的那一天，第二个吃苦的就是那个无辜的孩子。两个人才认识了半年就有了孩子，有了孩子不赶紧结婚，种种的一错再错，赶紧迷途知返吧，不要再纵容自己的任性。对男方说，不要以为满足对方对物质方面的需求就是爱，现在就是自食苦果，真正要在感情上多交流。对方任性可以，但是要有度，一旦她超过这个度，你就应该明确指出来，否则她今后就会越来越夸张，越来越过分，直到你们感情破裂。

爱情导师涂磊：两个人悲哀的是有个孩子，幸运的也是有这个孩子。不要为了孩子而去领结婚证，要是不合适就算了。我跟女方说四个"没"，听听有没有道理：第一，在这个世界没有谁离开谁会死；第二，没有谁在关爱对方的同时不渴望被关爱；第三，没有谁第一次结婚就要把对方掏个干干净净；第四，这个世界上不是除了你没有别的女人。人活在世，最重要的就是不要把自己太当回事儿，也不要把别人太不当回事儿。现在看来，男方离开会死吗？不会吧，他还好好地站在这儿；一个人在付出的同时也希望被关爱吧，都是人；很多裸婚的小情侣过得也很幸福，并不一定要将对方家底掏干净，恰恰相反的是，掏得干干净净的最后下场反而都很悲惨；第四，环顾一下周围，比你好的女生多了去了。女人在恋爱的时候两个点中总会占一点：矜持和自知之明。有矜持而没有自知之明的女人，不管怎么样她至少不会把自己那么早奉献出去，她也就不会吃亏；有自知之明而不矜持的女人，即便把自己奉献了，但多少知道自己几斤几两，而不会有太多要求；既有矜持也有自知之明的女人，会很好地把握住属于自己的幸福。而你恰恰是两者都没有，你既没有自尊和矜持，也没有自知之明，这样的话会很容易让人看不起，把自己那么早地奉献出去，然后又提出一些和自己极不相称，甚至毫无人性化的要求，你是要把自己逼到绝路啊。你说"我为你生了个孩子了，我要个衣帽间过分吗？我要个自己的梳妆台过分吗？"如果单论这些要求，是不过分，每个女生都想要找到幸福，但你在找到幸福的同时不能让别人不幸福，给了你衣帽间、梳妆台、房子、车子，你是要把别人都逼死吗？所以瞿老师刚才说你的话并不过分，就是没有家教。但我觉得女孩心并不坏。对男方要说的是，不要看你那副老实的样子，放纵任性比任性本身更可恶。我刚才说的那四点全是你自己造成的：第一，这个世界上没有谁离开谁是活不了的，但你一定跟她说过，"亲爱的，离开你我就活不了"；第二，关爱别人的时候也渴望被关爱，但你一定说过，"亲爱的我爱你，不管你爱不爱我"；第三，没有谁在结婚的时候要把对方掏得干干净净，你也一定说过，"亲爱的，我有的我全都给你"；第四，这个世界上不是只有她一个女人，你一定跟她说，"亲爱的，这个世界上只有你一个是女人"。男生在想要追求一个女生的时候，嘴那个贱啊，就是什么都敢往外掏，就像那些想要吸毒的人，你一次次给对方毒品，直到你给不起了，所以说，你比她更可恶。如果有爱的情况下，任性是一种撒娇，放纵叫包容；如果没有爱了，任性就变成了要挟，放纵就变成了无所谓。

🌼 黄金60秒

小许：我觉得我们之间，就像老师们所说，一直是我在纵容你，但纵容到最后，也没和你说什么去交流、去解决问题，所以我还是要冷静一下。

小唐：听了老师那些话，我知道我平时是有些任性，但我这么年轻就生了小孩，我要部车子也不过分。

战争结果：两个人选择和好，重新开始。

🌼 小编点评：想要结婚就需要学会成长。

在每个人的一生中，无论他年龄何许，都需要经过不断地成长才能更好地生活：当我们还是个孩子的时候，我们需要学习那些能够从书本中学到的知识，为的是能够到更高的学府就学；当我们经过学习考上理想的大学之后，我们需要学习更加专业的知识，为的是在今后找到一个能够足以支撑我们生活的工作；当我们工作之后，我们的成长就不仅仅是从书本中获取，更多的是要从实践中、从前辈们的经验中学习，努力让自己成为能够独当一面的职业人才；当我们恋爱之后，就要从一个懵懂的孩子学会如何去爱、如何包容、如何表达。

但光是学会了爱情，却并不等于我们懂得了婚姻，想要将爱情升华到婚姻，同样需要学习和成长。进入婚姻之后，我们就要从"父母的孩子"这个角色转换成为"妻子"或是"丈夫"，都会成为一个新的小家庭的主人。既然成了主人，自然就要有主人应该承担的责任，也拥有可以享受的权力，小到柴米油盐的购买，大到日常开销的支配，如何能够把小两口的日子过得井井有条，这绝非是一件容易的事情。

　　小许和小唐虽然没有领取结婚证，但实际上早就已经进入了婚姻生活。两个人在一起仅有半年的时间就怀孕了。为了结婚，小许接受了很多他原本就知道不应该接受的条件，从买房到装修，可是小唐仍然觉得不满足。用她自己的话说，人生只有这样一次，我要求这些难道过分吗？

　　无论是婚礼，还是结婚所需的硬件设施，小许都认为要量力而为，婚房并不是显摆的物件，而是今后要过得舒适的家，更何况小唐已经怀孕了，孩子马上就要降临，这也将是一笔不小的开销；可小唐却没有认清自己，她的脑海里总是有着一种吃了亏的想法，认为自己既年轻又漂亮，小许能够娶自己那是几世修来的福气，再加上周围有邻居的女儿条件不如她，却嫁得比她还要好。

　　假设，小许完全按照小唐的要求，掏空了家底，甚至是借了许多债务完成了她对婚礼的幻想，赢得了她心目中别人的尊重。可是关起门来，日子却还是要自己过得，在孩子出生之后，她要面临的是什么呢？显而易见，是拮据的生活、公婆和丈夫的抱怨、孩子开销的巨大压力等。难道，这就是尊重了吗？这难道就是她想要的婚姻生活吗？

❀爱情感悟：在婚姻面前，更应尊重彼此

　　现如今的爱情男女，有很多人都是未婚先孕，再奉子成婚，我们不讨论这样的方式是否正确，但不可否认，在并未做好任何准备之下仓促步入婚姻的确会给今后的生活带来很多隐患。

　　女方怀孕，原本应该是一件值得两家人都高兴的事情，但如果未婚先孕，就会让事情不自觉地往两个方向发展，也正是本小节两个案例的方向。

　　第一种，女方觉得自己已经怀孕，那就只得认命，匆匆忙忙进入男方家庭当中，无论男方是否表现出可以做父亲的成熟，她也没有太多的选择，只能独自扛起照顾家庭和子女的重担，同样男方以及他的家庭都会认为女方已经怀孕

了，就只能委身嫁给自己，所以对她也不会太过重视。

第二种，女方会认为自己怀孕了，就会成为男方以及男方家庭的"重点保护对象"，无论自己说什么、做什么，对方都应该满足，即便这个要求有多过分，都应看在自己已经怀孕的份上无条件妥协，一旦对方稍有异议，那就会抛出"你不想负责，你是负心汉，我怀着你家孩子"等言辞，让人无法招架。

无论是前者还是后者，都无法得到美满的婚姻，前者是不尊重自己，后者是不尊重对方。一个不懂得尊重彼此的婚姻，又怎么能够谈及幸福呢？

其实，在爱情中的男女，在步入婚姻之前，都应该做到尊重彼此，但事实上，在这一方面终究还是女方比较吃亏。这一点并不难理解，正如涂磊所言，一个聪明的女人应该懂得矜持和自尊，因为在社会舆论上，女方终究是弱者，这不仅仅是社会舆论带来的压力，更重要的也是身体健康方面需要考虑的。当我们还没有完全做好准备进入婚姻、生儿育女，要做的并非是匆忙去领证，而是努力调整自己的心态。

第三节　婚姻的本质是要收获幸福

我的安全感必须要有婚姻做保障（节目日期：2017年5月19日）

主人公：小易（男，23岁，来自湖北，健身教练）& 小王（女，27岁，来自湖北，公司职员）

保卫战主题：女方想要结婚，但男方以没有事业为由坚决否认。

　　小易和小王在大学校园里相识，虽然女方比男方大四岁，但他们仍然走到了一起。在交往的时候，小王就曾经说过自己年纪已经不小了，也非常向往婚姻，她通过这种方式暗示男友自己想要结婚了。小易却说，自己还很年轻，正是要拼搏事业的时候，而且自己现在一点基础都没有，根本就没有能力结婚。

　　原本小易在一家公司上班，过着朝九晚五的上班族生活，下了班之后总会陪着女友一起逛街。后来他觉得这份工作没有什么前景，也赚不到太多的钱，于是辞职去做健身教练。自此之后，工作也变得忙碌起来，每个月只有四天的休息时间，而且平时的上班时间也非常长。因为时间原因，两个人的相处方式发生了巨大的变化。

在小王心里，男友是一个非常贴心的人，以前和他发微信都是秒回，心里有什么不舒服的也会很快哄自己。可当了健身教练之后，小易常常不理她，给他发送微信，也都过了很久才回复。而且小易身边的朋友也多了起来、应酬也相对多了，这些都让小王产生了不安。

她常常暗示小易去自己家里提亲，或者先定下来，让自己和父母都放心，但是小易连这些都不愿意做。小易总说，现在自己没房没车没钱，每次去面对小王父母的时候，虽然他们没有任何挑剔，但自己的内心总觉得很有压力，希望能够做出点什么成绩之后，堂堂正正地见小王父母。

赵川在现场给出了一道极致的选择题：女方，你是愿意踏踏实实地等着男方主动和你求婚，还是说一年期限之内如果不结婚就要换人？女方回答说第二个；男方，你在工作和女友中间必须做一个选择，你会选择谁？小易犹豫了一下说，现在想选工作。

✿丘比特问卷专家妙语

情感嘉宾阎品红：女方一开始就说总是在等他，他很忙，等他下班、等他陪你，但是你有没有想过其实不是靠等待就能让一个男人来到你的身边。在他进入社会，或者说是在他做了健身教练之后，这个世界就打开了另一扇窗，外面的世界很精彩，吸引到他，但这就说明他对你没有那么爱了吗？也不一定。你要区分陪伴和爱之间细微的区别：有可能他很爱你，但在那段时间里他的确没有办法总是陪着你；一个人天天陪着你，却不一定代表他是那么爱你。你自己要冷静分析，在那一个月只有四天陪伴你的时候，如果你觉得质量很高，你很快乐，那就可取；如果你觉得就四天都是在敷衍自己，这种没有质量的陪伴不要也罢。女方说在一起的时候还是很开心的。阎品红接着说，所以你心里很清楚他其实是爱你的。两个人在一起，愿意彼此负责任，于是结婚。可现在他爱你、愿意对你负责任，只是短时间内没有办法，你就要放弃吗？女方解释说觉得自己年龄大了，如果没有结果，自己就被耽误了。阎品红说，感情都是一样的，不管结不结婚，只要不好好经营最后都会失败，如果你爱他就不用太着急。对男方说，你真的没有问题吗？其实你心里多少都是有一些活络的，所以你要想清楚你够不够爱她，你能不能承载这份希望走入婚姻的爱情。你说两年之后只是借口，一年和两年有什么区别呢？

　　情感嘉宾陆琪：在我看来，你们两个人之间的问题比想象中要严重。某一部分男生对于女友的态度是有一个曲线的变化：从一开始见到你，我想追求你；然后是我很爱你，两个人在一起很开心；我和你在一起我不想和你分手；我想要分手；最后到我讨厌你。男方现在正处在我不想分手和我想要分手的交界处。也就是说这个曲线已经过顶了，慢慢开始下滑了。女方心里可能会问，这是为什么？因为学校和社会是不同的，一个人从学校跨入社会之后的变化非常大，当他还是个学生的时候，他当然可以花费大量的时间来陪你，可进入社会之后，他有了生存的压力，也会认识很多人。这是没有办法的事情，可问题在于女方你为什么没有任何变化？我问你两个问题：第一，你认为在你的生命中，爱情的比重占多少？第二，你认为婚姻能带给你什么？女方回答说，比重占有七成，婚姻能够给我一种归属感。陆琪继续说，爱情占据了你七成的生命，难道说你穷其一生就是为了谈一场恋爱吗？那你自己的人生、你的梦想呢？很多女孩都迷恋一句话："结婚就是把我变成我们。"错！如果把我变成我们，你也就没有了，变成了"我们"中的一部分，你的个人意识都被吞没了。结婚是什么？是把我变成我和我们，我的一部分融入家庭，但我还有一部分是独立的。我没有让你们分手，只是想让女方知道：你要有接受分手的能力；要有这个不成还能爱下一个的能力；要有我今年二十七岁，但是到我三十岁的时候，只会比现在更出色的能力。而不是只能站在这里绞着手指，无奈地说我现在已经快三十岁了。你能不能更好，就看你自己的选择了。

爱情导师涂磊：打开天窗说亮话，女方，他现在很烦你你能感受到吗？为什么会这样呢？因为你已经把婚姻变成了强买强卖。你说了很重要的一点，因为你年纪大了，变老真的就那么重要吗？当然很重要。但是你接触久了，就能感受到一个女人真正的魅力来自于她的精神面貌：你会发现有很多年轻的女孩穿着很时尚，但是不能开口，一开口就很庸俗；有的时候你会看见一些快到四十岁的女人，事业上有一定的成绩，也不是特别漂亮，但是她们非常知性，而且对自己的生活有要求，这样的女人很可爱，她有她那个年龄独有的魅力。所以你将心比心地想一想，当你都变得不可爱了，谁愿意娶你呢？男方，和健身房里那些女生相比，你认为谁可爱呢？肯定是觉得那些女孩更可爱，但你看到的只是表面，当你接近她们的生活就会发现，她们可能比她更招人烦，因为她至少爱的是你这个人，而那些女生看中的只是你对她们的服务。我知道你可能想的是再试一试，那就请你坦诚地说清楚：不是奋斗的问题，也不是见父母的问题，就是不想结婚，就是不想从此被锁住，因为现在女方的做法让你恐惧婚姻，因为你还想要接触更多彩的世界。心里有什么就直说，其实最关键一点就是人不对，如果遇到了对的人，什么奋斗啊、财产啊，那都不是问题，其实你心里根本就不知道什么时候能够娶她，那就不要再说什么两年、三年了。

☼ 黄金60秒

小易：我们在一起也有一段时间了，虽然说我踏入了一个新的环境，结识了新的人，但我要说我还是喜欢你。现在我不给你准确的回复，是因为我真的怕给不了你想要的，希望你能再给我一些时间。

小王：我们两个在一起这么久了，你之前对我的好我都记得，但是你现在对我的态度，我需要再考虑一下。

战争结果：女方选择放手，不愿意再为这样一段爱情付出时间和精力。

✿小编点评：在婚姻面前，有些情感无处勉强。

　　爱情，究竟在什么时候能够开花结果，转变成婚姻？相信这不仅仅是小王一个人想要知道的答案，也是很多处于恋爱当中的女孩的疑问。究竟是年龄到了、感情到了，就可以走入婚姻了吗？恋爱中的男女在思想上步调不一定能够达成一致，有时候是男方比较着急结婚，想要生儿育女，有时候是女方比较想要结婚，想要得到归属感和安全感。就如同案例当中的小易和小王一样，他们虽然相爱，可对恋爱所处的程度却在认知上存在巨大分歧。

　　当一个女人逼问男人什么时候和自己结婚，恰恰说明了她内心极其不安。一方面，是对这段恋爱，或者是对正在相爱的对象产生了不信任，不相信对方能够和自己继续走下去，所以才会选择自降身价用逼婚的方式去寻求一个答案；另一方面，是因为外界环境带给她的压力，不可否认，当一个女人年纪大了却没有结婚的确会遭受到来自他人流言蜚语的伤害，以及家人催促的压力，所以在她心里就会给自己划上一条界线，要在多少岁之前嫁人。

　　而两方面的因素都影响着小王，小易改行做了健身教练之后的种种变化，让她非常不安，她怕男友抵挡不住花花世界的诱惑，更怕自己这几年的青春就此耽误。同时，她对自己比男友大几岁的事情非常介怀，心存自卑。然而，问题的核心就在于她心里非常清楚，男友对她的爱正在逐渐减少。

　　正如涂磊所言，不是不愿意结婚，不是没有物质条件没有基础，不是想要发展事业，最重要的一点就是没有遇到对的人，所以小易对于女友的逼婚是抵触的。如果他对女友的爱情足够浓烈的话，他也许不能立刻与之结婚，但至少会明白女友的良苦用心，会耐心安慰、给她安全感，比如和女友一起去见对方父母，比如先订下婚约，而不是像现在这样百般推辞。

同样，爱情和结婚相比，小王更看重婚姻。她总是说自己年龄大了，耽误不起时间了。言外之意就是在说：和小易之间的爱情并不值得她冒着风险去等待几年后的结果，只能说明她对小易的爱也没有想象中的那么浓烈。

与其两个人这样将就着，倒不如坦诚地说清楚，其实谁都不是谁心目中最合适的那个人，只是双方在内心中还给自己留着幻想，幻想着对方能够为自己妥协。婚姻和爱情都不能将就，尤其是婚姻，因为这关系到我们下半辈子的幸福。

❀爱情感悟：追求幸福，并非能被将就。

在《爱情保卫战》的舞台上，曾经出现过很多"逼婚"的情侣，无论逼婚的是男方，还是女方，最终都认清了一点：这段爱情只是他们想象出来的甜蜜和美好，现实是对方没有想象中那么爱他。

当一段爱情需要逼迫才能开花结果，那无非就是在拔苗助长。当感情到了一定的程度，恋爱双方自然就会考虑见家长、订婚约，继而就是结婚。但如果两个人相处了一段时间之后，其中一方迟迟没有透露出想要结婚的念头，这其中必定是有些缘故。

第一种可能，他对现在的恋爱对象并不满足。每个人对待爱情的态度不甚相同，有的人将爱情当作非常纯粹、神圣的情感，如果感觉对象无法完全符合自己内心对爱情的所有渴望，就会毫不犹豫地选择分手，另寻目标；可有的人会抱着凑合的态度，虽然伴侣有些方面是自己无法接受的，但却不采取积极的态度去磨合、沟通。

面对这样的伴侣，我们能够给出的唯一建议就是分手，爱情都无法被将就，更何况是婚姻呢？一对非常相爱的伴侣进入婚姻之后，都会因为生活中的点滴琐事和复杂的家庭关系而争吵不休。如果是一对在恋爱期间就已经对对方充满了不满的情侣，进入婚姻后又怎么能够共同面对生活的风雨呢？

第二种可能，现实的压力。婚姻需要一定的物质基础，有些人会将物质看得很重，自然就会给自己造成很大的压力，尤其是男方，为了尊严也希望能在对方父母面前留下好印象，能够给心爱的人带来幸福。

一般来说，遇到这样的伴侣，总是用"事业"作为理由不愿意结婚，应该采取的是"不要听他说什么，而是要看他做什么"。生活中肯定会有非常有责任心的男人，希望自己能够成为伴侣的支柱和依靠，他们会将全部精力都放在事业上，有着属于他的职业规划，并且为了这个目标而努力着。遇到这样的伴侣，自然就能够选择继续等待。但是反过来，有些人嘴上总是说要奋斗，可实际上却没有任何实际行动，"事业"此时已经不是理由，而成为不结婚的借口了。

除了上述两种原因之外，也有一些其他的原因会影响婚恋观念，但是这两种原因是比重比较大的，也是最值得探讨的。婚姻并非是能够通过逼迫来获得的，因为"逼迫"本身就带着强制性的色彩。可很多人都无法认清这一点，总认为反正已经谈了这么久的时间，有了一定的感情基础，只要再稍微努力一点，爱情就能够修成正果了。但却没有想到，需要逼迫才能开花结果的婚姻总会为日后的生活埋下阴霾的种子。

第二章

通往幸福的真谛

第一节　男女搭配才能干活不累

　　家庭生活，和恋爱不同，它充满了柴米油盐的琐碎，充满了家长里短的麻烦，面对这些，并不是一句"我爱你"就能够全部解决，在这一点上，夫妻之间要同样具备搭档的默契，才能携手完成。

　　很多封建传统的认知中，总会认为做家务、带孩子这种事情理所应当是女人的义务，而工作养家的事情则是男人需要承担的责任。可是随着时代的发展，女性也需要出门工作，承担自己的社会责任，所以家务事的分配就不能再像往常那样一刀切，尤其是在有了孩子之后，更应该注重相互之间的配合。

　　可是，相互配合这句话说起来容易，做起来却非常难，这也成为很多婚姻当中的矛盾所在。因为我们总是会从自身的角度去看待问题，然后心生抱怨，周而复始，最终形成恶性循环。

　　他总认为他为了这个家庭，付出了很多努力，承担着外面很多压力，但是自己的另一半却并不懂得体谅自己；她总认为她为了操持家务、照顾孩子已经付出了所有，却换不来另一半的关注和照顾，反而将这一切都视为"理所应当"……

　　如果一段婚姻总是停留在这种状态中，他们又怎么能不处处抱怨呢？

　　一段好的婚姻，不可能只有一方不停地付出，而另一方只是坐享其成，而是需要两个人相互配合，才能共同经营好婚姻，才能获得幸福。

我的付出为何你视而不见（节目日期：2016年3月25日）

主人公：连先生（男，28岁，来自河北，销售）＆范女士（女，31岁，来自河北，待业）

保卫战主题：女方觉得男方根本就不关心自己，已经无法忍受，想要离婚。

　　连先生和范女士原本是一家快递公司的同事，没过多久范女士就对连先生表白了，尽管眼前这个女人比自己大三岁，可俗话说"女大三抱金砖"，连先生便接受了这段恋情。

　　在一起之后，连先生的大哥举办婚礼，连母就给范女士打电话，诚意邀请她来家里坐坐。对此连先生并不愿意，毕竟两个人在一起的时间不算长，相互之间的了解还不够深，如果贸然带着范女士回家，就等于变相认可她的地位。可是范女士非常坚持，连先生走到哪里她就跟到哪里，最终跟着他回了老家，见到了男方的父母。

　　男方父母对范女士很认可，而且在老家，连先生的岁数也到了适婚年龄，父母就开始向儿子催婚。再加上范女士也常常唠叨着要结婚，所以在哥哥婚礼之后一个月，他们两个人也走进了婚姻。

　　半年后，范女士怀孕了，为了赚钱她依然坚持工作，没想到却因此小产。流产对女人身体的伤害非常大，需要好好调理，可这个时候连先生的所作所为却让她非常寒心。流产之后不久恰好就是中秋节，连先生嫂子的娘家发生了一件事情她着急回家，可她所工作的饭馆在中秋节也正是用人之际，连先生就让范女士代替嫂子去工作。这样，一方面能够满足嫂子回娘家的要求，另一方面也不会被饭馆扣工资。

最开始，范女士是不愿意的，毕竟刚刚流产没多久，身体还没有恢复过来，而且又是去饭馆里做刷碗工这样的纯体力劳动，肯定会很累。可是连先生却丝毫不顾及她的身体，执意要求，没有办法的范女士只好替嫂子去饭馆刷碗。工作了一天，范女士拖着疲倦的身体回到家中，就想让丈夫出去去买点饭回来，可连先生觉得自己也很辛苦，就不愿意动。想起这一天替他人受累的辛苦，想到丈夫的冷漠对待，她委屈地哭了。看着妻子哭个没完，连先生只好去外面买了饭。可这种不情不愿的样子仍然寒了她的心。

对于流产这件事，范女士很伤心，认为是因为自己的疏忽导致这个孩子没有缘分降临到世间。经过半年的时间调整身体，她终于再次怀孕。这一次，她格外重视孕期的每个细节，可连先生根本就不能体会她的心情，甚至连一次产检都没有陪同过，更没有尽过一个做丈夫的责任。当她身子重了之后，就连给她做产检的大夫都会关心她，常常帮助她拎包、上下床。这样的对比更让范女士感到难过，就连没有什么情分的医生对自己都如此关心，可是睡在自己身边的丈夫却对她的身体熟视无睹。

连先生却认为，自己也很关心妻子，只是方式不同而已：因为流过产，范女士再次怀孕之后，他立刻就让范女士辞去了工作，以免因为工作繁忙再次出意外；因为妇产医院建档困难，他深夜两点就跑到医院排队挂号，哪怕自己第二天仍然要上班；因为范女士辞职，家里经济压力变大了，为了养家，他更加忙碌，只能让母亲陪伴范女士去做产检，是范女士自己担心婆婆年纪大了，不能太操劳，所以才坚持自己产检……

孩子出生之后，连先生仍然没有常常陪伴妻儿，有时候晚上客户一个电话就把他叫到了 KTV、酒吧等娱乐场所。有时候，忍无可忍的范女士求他让他留下来多陪陪她和孩子，可连先生却仍然坚持要维护客户。

为了带孩子，连先生坚持让范女士继续做专职太太，不要出去上班。这样一来，经济压力始终都在连先生的肩膀上，为了多赚钱，他起早贪黑地跑客户。范女士总是认为他根本就不关心这个家，甚至也常常怀疑，之所以两个人会结婚，主要是因为自己太过主动，当初若不是自己主动到男方家里得到了公婆的首肯和逼婚，他们没准早就分开了。现如今，两个孩子相继出生了，自己也天天在家操持家务成了"黄脸婆"，有时候自己想去修个眉，连先生都打击她说，你平时也不化妆，整那些干什么，本身就长得难看，就别折腾了。范女士听了之后非常难受，要求丈夫必须做出改变，否则只能离婚了。

✿ 丘比特问卷专家妙语

情感嘉宾马丁：刚才在舞台上发生的一切，在我们家都发生过。我太太嫁给我之后，怀孕了，为了身体就辞职了，生了孩子就做了全职主妇，现在又怀了二宝……所以说我们两家的情况都很像，甚至包括表情、哀怨的眼神、说的那些话都和我太太很像。我太太常说，你陪我时间太少，你根本就不关心我，婚前你怎样怎样，婚后各种对比和不满。听完之后我就反思一下，觉得她说的有道理，就哄哄，对她好一些，矛盾就缓和了。但有一点最大的不同，是不是在你们结婚的时候，更多的是为了结婚而结婚，而不是说因为爱情才结婚？这样的家庭极多，到了年纪，该结就结了，之所以婚后不太甜蜜、不太和谐，最主要的原因就是在于此。

情感嘉宾瞿玮：我的建议只有八个字——"不忘初心，方得始终。"当时女方打动他一定不是凭借你所谓自己想成为时尚辣妈，用的是自己那颗真心，爱着他这个人，包容他的缺点。即使他对你并没有多好，不够关心，忽冷忽热，但你依然坚持对他好，并且生了两个孩子，现在这份爱还有那么足吗？当你发现他现在已经不再是你期待的样子，不妨想想当时你是怎么追的他，当时的那颗心是怎样的？现在对于男方而言是事业上的上升期，从一个普通的快递员，到承包了一片区域，他需要去跑客户，需要从一个员工变成老板，要承担起其他快递员的工资了，这个时候更需要来自家庭的支持。可这个时候女方却提出让他把心更多地放在家庭里，他就开始不适应。为数不多的去和客户应酬，我觉得是正常的，为什么这点空间都不能给他呢？想想那八个字，如果女方你真的珍惜这份爱情，就慢慢做出调整，除了工作上支持他，家庭上多照顾，然后再把精力放在自己的外形和内涵上。

爱情导师涂磊：生存本身是个技巧，生活本身才是目的，但坦率地说，很多人的生活都没有质量。女方今天在这里一直闹，不就是在说自己的生活没有质量，虽然男方的钱越挣越多，对你的关爱却越来越少、陪伴越来越少，但两个人之间至少还有忠诚。我不赞成人之间总是在比较，如果总是去比较，怎么都比不出幸福，但有一些幸福确实是要靠比较才能够体会：如果他没有事业心，整日在家里陪着你，那两个孩子怎么养活？又或者他在外面天天辛苦，却在事业上一筹莫展，他跟你说你支持我，我要在外面拼搏，虽然我现在拿不回钱来，但只要你支持，总有一天我能成功。那样你会更累！还有一些男人，不仅在外面没有事业，还要拈花惹草，那样你更不幸福！他固然有很多的错误，但现实中的很多夫妻，生活都是没有质量的，为了生活压力每天疲于奔命，在这种情况下我们怎么体会自己的幸福？那就是要学会苦中作乐。在我看来这是很多家庭都出现的问题，为了赚钱应付生活的成本，彼此之间缺少浪漫和陪伴，可如果真的要放弃工作回家陪伴又做不到，只能是靠彼此之间相互体谅，相互支持，难道非要闹到离婚吗？日子只能计划着过，幸福只能比较着去体会。

❀黄金60秒

连先生：结婚以前你什么都听我的，结婚以后还是没有改变，还是以前的样子，所以以后我一定多陪陪你和孩子。

范女士：我一直都对你挺好的，婚前那样婚后也那样，我就是希望你能多陪陪我和孩子。

连先生：以后我会的。

战争结果：两个人选择携手继续这段并不顺利的婚姻。

✿ 小编点评：学会体会彼此的苦与乐。

在生存的压力下，每个人都有属于各自的苦楚，在生活的包围下，每个人都有属于各自的幸福。而在婚姻当中的两个人，同样也会有各自的苦楚与幸福，只不过有了婚姻作为纽带，他们之间的苦与乐是相通的，可却又有所不同。

男方的苦是苦在经济压力无人分担，为了家庭、为了孩子，他必须要铆足劲儿去打拼、去奋斗，他把所有的时间和精力都用在这里；他的乐是自己的努力没有白费，工作上的成就让他越来越有干劲，越来越有信心，而这些成就最终也会转换成金钱来回馈家庭。

女方的苦是苦在家庭琐事无人分担，她除了要操持家务之外，还要照顾两个孩子，而这样的辛苦却没有得到丈夫的认同和重视；她的乐恐怕也只有两个孩子在她的照料下茁壮成长了。

看似这是一种十分常见的家庭模式，但不同的地方在于他们无法理解彼此的苦与乐：如果男方能够体谅女人照料家庭和孩子的不易，他不会轻易说出那些伤人的话，他不会漠视妻子流产之后的虚弱；同样如果女方能够理解男人在外打拼、白手起家的艰辛，她不会指责对方只知道去应酬，她不会在男方回到家后还总想指示他去做这做那，却从来没有看到男方为家庭的付出。

正如涂磊老师所说，如果男方真的如同女方希望的那样，把工作上的所有事情全部抛弃，只是在家里守着老婆孩子过日子，那她就会觉得幸福了吗？答案当然不是，她又会抱怨丈夫不知道为了家庭去奋斗。所以，她需要体谅丈夫在外打拼的艰辛，心疼他的付出。

同样，男方也应理解女方在家操劳的辛苦，也要适当地学会安抚她，并不是自己在外打拼就可以对家庭完全撒手。只有两个人都了解对方的苦楚，才能和对方分享家庭中共同的乐趣，才能体会婚姻带来的幸福。

进了城后，为什么就不顾家了呢？ （节目日期：2016 年 3 月 11 日）

主人公：孙先生（男，38 岁，来自黑龙江，运输职业）& 张女士（女，37 岁，来自黑龙江，无业）

保卫战主题：男方对孩子毫无节制地宠爱，在家里什么活儿都不做，让张女士无法忍受，提出离婚。

孙先生和张女士原本是农村一对平平凡凡的小夫妻，有两个可爱的宝宝，虽然并不富裕，可一家四口也过得很满足、很幸福。后来，孙先生因为工作原因，加上大宝也要上学了，两个人考虑到县城里的教育水平肯定要比村里好很多，就举家搬进了县城。

进了县城之后，张女士觉得丈夫有了很大的变化：原本还很顾家的他像是变了个人一样，常常出去和朋友们喝酒，直到三更半夜才回家；原本还知道给

家里挣钱，现在除了给些家用以外，剩下的钱都被他拿出去跟朋友应酬；原本还愿意陪伴孩子，现如今孩子都很少见到父亲……张女士觉得这样下去不行，坚决收回了财政大权，每个月只给丈夫几百元零花，并且采用了严格管理的方式，逼迫丈夫早点回来。可没想到孙先生"上有政策下有对策"，明着他把财政大权全都交给了妻子，暗地里却办了两张信用卡，仍然用信用卡透支来的钱请朋友们吃吃喝喝。直到有一天，妻子发现了这件事情，又大吵了一架。

有一次，丈夫在外面喝酒，因为酒精中毒被朋友送到了医院。张女士听到朋友的电话后，非常着急，赶到了医院。医生说，因为长期喝酒，孙先生已经患有脂肪肝、胆囊炎等疾病，一定要戒酒。张女士想着，这下丈夫应该能够注意了吧。可孙先生在出院当天，仍然和朋友们出去喝酒，一直到晚上十一点多才回家，气得张女士坚决不给丈夫开门。孙先生解释说，其实也没有喝多少，只喝了两瓶啤酒，不再喝白酒了。

除了喝酒应酬之外，孙先生在其他方面也让张女士很生气。因为进了县城，孙先生看到其他女士都穿着非常好看的高跟鞋，就想着也让妻子穿成这样。但张女士看到高跟鞋又高又细的鞋跟，说不适合自己，毕竟她已经是两个孩子的母亲，每天忙活着带孩子、收拾家务，穿着平底鞋都很累，更何况要穿高跟鞋呢？孙先生却执意要她穿，不好驳丈夫面子的她只好穿着高跟鞋去接孩子放学，顺便又去买菜，一手拎着菜、一手抱着孩子，没留神就从楼梯摔了下去。孙先生赶紧把妻子送到了医院，医生说小腿骨折。这下子，张女士把所有的气都撒在丈夫身上。

还有一次，丈夫在外面和朋友们应酬，喝多了嘴上就没有把门的，开始胡乱地吹牛，说自己生意多么多好，挣了多少多少钱，恰好一个朋友在经济方面遇到了点困难，就跟孙先生说要借两万元钱。孙先生一听，二话没说就带着朋友回了家，并且用命令的口吻对张女士说，给我哥们拿两万出来，急用！张女士虽然很生气，但也知道不能在朋友面前让自己的丈夫丢了面子，只好不情不愿地拿出了两万元。实际上，他们也只是做小本生意，再加上两个孩子上学费用和日常开销，日子过得并不宽裕。可是家里的这些困难，孙先生却视而不见，也不和张女士商量商量。并且，因为这次借钱的事情，耽误了自家孩子上学的学费。

除了不管自己、不顾家庭，孙先生对孩子也无法很好照顾。有一天，张女士有事回了娘家，就让孙先生照顾好两个女儿，尤其是只有四岁的小女儿。早上，大女儿上学了，孙先生就带着小女儿去了洗浴中心，然后又跑去麻将室打麻将。张女士知道以后非常生气，认为丈夫根本就不配做爸爸，尤其是在麻将室里，大人们一边打麻将一边抽烟，让四岁的小女儿坐在一边吸二手烟。可是孙先生却认为妻子这是小题大做。

两个人对待孩子的教育观点也有很大的分歧，张女士主张半哄半管，比如孩子想要玩具，就需要好好表现；可孙先生却恰恰相反，不管孩子想要什么他就给买什么，还总是说别的孩子有的我家孩子也得有。

那天晚上，大女儿发了高烧，张女士就连忙给丈夫打电话，说孩子病了赶紧回家吧。可当时孙先生正在外面和朋友应酬，只是敷衍着说马上回来。催了几个电话，丈夫都是这样说，让张女士很生气。眼看着女儿越来越难受，她只好抱着小女儿，带着大女儿赶到了医院。等孙先生来到医院的时候，大女儿已经打上了点滴。看着孙先生喝得醉醺醺的样子，张女士那一刻真的是对这段婚姻绝望了，坚决提出离婚，可孙先生仍然没有认识到自己的问题，还总是认为是妻子借题发挥……

丘比特问卷专家妙语

导演郭靖宇：我先问张女士，您现在穿的这条裙子是不是孙先生给买的呢？张女士说是的。郭靖宇继续说，我觉得孙先生的眼光还是不错的，而且也很疼你，希望把你打扮得漂亮一些，这一点是值得肯定的。这是在听你刚才对丈夫的控诉中唯一一个能为他找回来一分的地方。作为一个男人，接下来我要批评这位男士了。别的事情我还可以理解，可是你怎么能让女儿和你一起去麻将室，让她吸二手烟呢？第二件事我认为不对的是孩子生病了，你竟然不在，竟然关了手机，无论在任何情况下，都不能关机，这是错上加错。但不得不说，两个人的感情基础是非常深厚的，轻言放弃太可惜了。

演员杨志刚：我要替孙先生说两句，他交朋友是为了做生意、赚更多的钱，这个是没有办法的事，和朋友们应酬这是必需的。张女士，你有没有想过，如果有一天你家里也遇到了经济困难，那他的朋友也一定会伸出援手。而且他深爱自己的两个女儿，从某种程度来说他是一个很好的老公，您觉得要是离婚，还能找到一个和孙先生差不多的男士吗？

爱情导师涂磊：有些人是过日子，有些人是混日子，其根本上是混日子是吃了今天不管明天，而过日子是不仅要管今天，还要管明天。很明显，两个人一个是在过日子，一个是在混日子、醉生梦死、推杯换盏。要面子本身没有问题，比如说男士说把妻子打扮得漂漂亮亮是为了妻子好，但不外乎是为了自己的面子；他口口声声说宠孩子，却不知道什么适合孩子，这也是典型的在为自己要面子。要面子也不是错，但关键是有些要面子的男人不仅在外面要面子，在家里还会勤俭度日、孝敬父母、疼爱妻儿，这叫有里有面。可是孙先生却只有面，没有里。好吃不过家常饭，知冷知热结发妻，从农村奔到县城，这一切都来之不易，风风雨雨，所以在所谓的虚华的现实面前，千万不要毁了自己的家庭。你仔仔细细看着你面前的女人，可能物质条件方面没有太差，但心里一定很苦，因为没有人站在她身边一起分担，懂得去照顾孩子。你口口声声是为了家，但你从没给妻儿带来最基本的安全感。当女士最需要你的时候，当孩子生病的时候，你都把大部分时间拿去混日子、混朋友、要面子去了。如果想要珍惜家庭，不如多替自己找找里子吧。

✿ 黄金60秒

孙先生：我知道我身上有很多的毛病，以前有对不起你和孩子的地方，我一定会改正的，跟我回家吧。

张女士：你在这说得好听，可你回家真的改吗？

孙先生：我一定会改的。

张女士：我想想再说吧。

战争结果：女方看在孩子的面子上再给男士一个机会。

✿ 小编点评：**家庭并不是兴趣，更是责任。**

换了一个全新的环境，对于男女双方，甚至是两个小孩都是需要一个适应的过程，可男方却发生了极大的变化。其实简单来说，是外界的诱惑让他忘记了对家的责任。

婚姻中的你我，本身就有着不可逃避的责任，包括对自己、对另一半，甚至是下一代。对于进城这件事情，男女双方有着完全不同的期待值：男方认为进城的目的是为了享受生活，所以当他进城之后，开始一种全新的生活模式，除了工作之外，他更倾向于和自己朋友出去聚餐、打麻将、泡澡；而女方认为进城只是为了给孩子更好的生活、学习环境，作为这个家的经济顶梁柱，丈夫应该把所有的重心都放在这里。

两个人对待一件事的态度不同，造成了他们之间的矛盾所在。

妻子希望丈夫能够将自己的全部精力都放在工作和家庭上，而不是去和自己的朋友出去应酬，更不应该为此花费本来就不多的家庭积蓄。在她看来，丈夫的种种变化并非是为了事业而去打拼，只是为了自己享受，为此他可以不顾及家庭，甚至不顾孩子的健康和学习。

丈夫则是希望一家人能够像城里人一样享受生活，其实他的心里并不是真的没有家庭、没有妻子和孩子的存在，只是愿意用另一种方式去表达自己的爱意——给孩子买其他孩子都拥有的玩具，给妻子买其他女人都穿的衣服和高跟鞋。

在场的导师和情感嘉宾都指出了男方的错误，他的希望和做法在现阶段，对家庭而言是不负责任的，更是不切实际的。在婚姻生活中，很多人都知道做什么都应该是男女搭配，不管是出门赚钱，还是在家里做家务、带孩子，两个人都应该做自己力所能及的事情。但除此之外，还有一点也很重要，那就是对家庭未来的构想要一致。

一个家庭的未来，并不仅仅是物质方面的满足，同样也要有精神方面的交流。尤其是在有了孩子之后，教育子女、培养爱好、陪伴成长等这些问题都需要夫妻双方达成一致。有很多人，都比较重视现实中的家务分配，却忽略了这一点，久而久之同样会成为不可调和的矛盾，就如同故事中的他们一样。

❀爱情感悟：夫妻本身也是一对生活中的搭档。

夫妻是什么？有人会说，夫妻是以感情作为基础、以共同生活为目的、具有法律认同的关系。这是比较官方的说法，简单来说，夫妻就是一对具有唯一性的生活搭档。或许有读者会说，这种形容就好像是搭帮过日子的，哪里能看出爱情呢？其实在婚姻中，爱情并不能真的阻挡住现实的侵袭，只有两个人之间形成的默契和感情，才能让我们携手对抗现实的洗礼。

一对优秀的搭档，需要有相互配合的默契，有对未来志同道合的期盼，有相互包容的勇气。婚姻美满的夫妻应该是有着浓厚爱情作为基础的优秀搭档，可现实社会中，很多夫妻都做不到这一点，就如同这两个案例当中的夫妻一样。

第一对夫妻之间的相互配合没有半点默契，所以女方才会习惯性猜忌，疑神疑鬼，在她眼中，丈夫在外的辛苦都成了"应酬"，为了工作对家庭的缺失也都变得不可原谅。可实际上，丈夫之所以这样辛苦，只是为了能够支撑起这个家，能够给妻儿带来更好的生活，这份苦心反而得不到妻子的理解。如果，他们之间能够有搭档的默契，妻子能够理解这一切，她会心甘情愿地做贤内助，让在外打拼的丈夫没有任何心理负担；如果，他们之间能够有搭档的包容，妻子便不会无法抑制内心的怒火，两个人可以心平气和地沟通。所以，他们把原本应该幸福的生活过得一团糟，妻子内心中总是满满的负能量，而丈夫却根本不懂得缘由何起。

第二对夫妻不仅没有搭档之间的默契和包容，更重要的是他们更没有对未来共同的期许。任何一对夫妻在婚姻中都会有一个期待值：比如有些人更希望早点要宝宝，也有些人想着先过几年甜蜜的二人世界；比如有些人会希望有着属于自己的一方小天地，也有些人愿意和男方长辈共同居住；比如有些人希望婚后能够维持传统的"男主内女主外"，也有些人愿意"男女平等"，共同撑起一个家……每个人对婚姻未来的期待是不同的，但是在步入婚姻之后，男女双方就应该相互磨合，以求达到一个双方都能接受的共同期待值。可是如果期待值不同，那么这段婚姻就很难称之为幸福。进城之后，妻子想的是如何能够让自己的孩子不输在起跑线上，可丈夫想的却是如何能过得像个城里人，所以他们争吵不断。

一段幸福的婚姻离不开两个人的共同付出，更离不开两个人的共同期许，夫妻双方更应该像是一对配合默契的搭档，朝着同一个方向一起努力，让日子越来越好、越来越幸福。

第二节 我们是家庭天平的两端

两个人的相处，无论是在恋爱过程中，还是在步入婚姻之后，都会有属于自己的模式。

比如传统的"男尊女卑"——这并不是指像过去那种男人说一不二、女人唯唯诺诺，而是两个人在处理问题的时候以男人的意见为主，而女方更多的是处于一种依附状态——有很多"男主外女主内"的家庭都在继续着这种相处模式。

比如另一种相反的"女尊男卑"——有些家庭中女性占据主导地位，她们在家里说一不二，而丈夫或者是出于性格原因，或者是出于经济原因，或者是出于爱情本身，他们愿意以妻子的意见为主——有很多"女主外男主内"的家庭都在采用这样的相处模式。

无论是哪一种模式，都不是一时兴起，其实在两个人交往的时候，这个基调就基本上已经确定，但是在步入婚姻之后，有了柴米油盐的琐事、有了孩子的牵绊之后，有些模式就逐渐变了质，甚至变得让人无所适从，这才爆发了婚姻矛盾。

即便是"男尊女卑"，丈夫也不能因为成为家里的经济支柱而漠视妻子的付出，更不能因此而视妻子为"保姆""孩子他妈"，而是要在心里对妻子保持一份尊重。正是有了她在家里的操劳，才让自己在外打拼的同时无须惦记家里。

即便是"女尊男卑"，妻子也不能因此而嫌弃丈夫无法成为家里的顶梁柱，更不能在言语中侮辱丈夫，同样要谨记时刻要给他留点面子，那是他作为男人的最后一丝尊严。男人在家庭里处于"从属"地位，并不是因为他非你不可，而是因为爱。

你的强势让我无法适从（节目日期：2016 年 3 月 18 日）

主人公：小郑（男，40 岁，来自湖南，出租车司机）& 小东（女，38 岁，来自湖南，服装店店主）

保卫战主题：小郑觉得妻子太强势，过得太压抑，要求离婚。

　　小郑和小东是一对结婚十多年的夫妻。原本小郑做着一些小本买卖，虽然赚得不是很多，但也算是能够撑起这个家庭的开销。可妻子小东却总是怀疑他和其中一个女客户之间关系暧昧，尽管小郑和女客户都当面和小东解释过，可小东仍然不相信。

　　为了彻底打消妻子的怀疑，小郑只好结束了生意，开始打零工的日子。自此之后，在小东的眼里，小郑是一个赚不来钱、没什么本事的丈夫，她不再怀疑丈夫是否忠诚，却开始抱怨。

　　小东的表哥说，有一个项目很赚钱，就勒令在外地做零工的小郑赶紧回来，要和他一同去考察项目。小郑解释说这份零工需要半个月的时间，能给几千块的薪水呢。可小东却不以为然，认为这个薪水不过都是些小钱，让他必须回来。

听到妻子这样说，小郑只好回到了家。考察完项目之后，表哥告诉他们想要做这个项目得有辆车才能出去谈合作。为了促成这件事，小东贷款给丈夫买了一辆车，结果项目并没有表哥说得那样赚钱，到了后期根本就经营不下去，无奈之下，他只好退出了项目。小郑觉得妻子做什么事情都太冲动，心急火燎地买了车，就算现在转手卖出去，也损失了几万元。

那个时候，小东经营的服装店也陷入了低谷，原本经营的三家店最后只剩下了一家还在苦苦维持，让原本就因为开店而负债的小两口感到有很大的压力。小东就想，反正服装店的黄金销售时间都在周末和傍晚，上午的时间大部分都是空闲的，倒不如给自己的驾照升级到 A 本，可以去开公交车。小郑听她说完这个想法后立刻就表示反对，他说本来 A 本就不好学，学费也挺贵的，再说了，就算小东考下了 A 本，短时间内，公交公司也不会让一个新人去开车，肯定也要有很长一段时间的培训和实习，等她真正上了车得两年以后，谁知道两年以后会发生什么呢？倒不如把心思放在实处上。小东觉得自己都是为了这个家在操劳，可是丈夫却在一旁不给力。

现如今，小东又突发奇想，想要买房，并且已经背着小郑贷款签了购买合同。买房，在任何一个家庭里都是非常重要的大事，小郑认为现在家里还有债款没有还清，再加上孩子也在上学，处处都用钱，根本就没有必要去买房，可小东有自己的一套说辞，她觉得买房也是为了给孩子一个稳定的环境，对孩子学习有好处。眼看着小郑死活不同意，小东二话不说，干脆背着他将这一切都"搞定"。

好好的一个家，小郑却感受不到任何温暖，因为财政大权全部都在妻子手里，每次小东想要买什么，几乎都不和他商量，尤其是在购物方面。有一次，小东逛街看上了一件大衣，要几千元，她就刷卡买回了家。小郑一看，这件大衣脖子上是一圈时髦的毛领子，可下面却是一件单衣，天冷了穿身上冷，天暖和了穿脖子热。果然如他所料，这件价值几千元的大衣就挂在大衣柜里，一年只穿几天而已。不仅如此，大衣柜里有很多件妻子只穿过一两次的衣服，可每次小郑想让她克制一下自己的购买欲，她都会说，因为以前家里穷，没有钱买好衣服，所以现在她作为一家服装店的老板，当然要打扮自己。

现在，这个家对于小郑而言，已经变成了一个充满压抑的空间，而妻子也成了他心头上的一块石头，压得他几乎喘不过气来。尽管如此，他仍然不想离婚，所以想要通过《爱情保卫战》这个栏目，让小东认识到自己身上的错误。

✿ 丘比特问卷专家妙语

嘉宾马丁：只有两招可以解决男方的困局：第一招，不给我自由，我就跟你离婚！小郑表示自己从来没有想过要离婚，即便以前和小东吵架吵得再凶，小东都气愤地大喊要离婚，他都没有说过"离婚"两个字。马丁表示，这样的男人多好！那还有第二招，奋发图强、自力更生。她不是不给你钱吗？你自己去挣！每一对夫妻都有自己的生活模式，有的就是男强女弱，你们家反过来，女强男弱，所以你们之间的模式是你们各自的性格所决定的。你已经被管束这么长时间了，如果你老婆突然不管你，你就不知道该怎么活着了，说不定又要做出什么错事来，所以你们俩这种模式应该继续。你就踏踏实实尽好一个丈夫和父亲的责任，加倍努力工作，享受被管的幸福，就很好了。

嘉宾瞿玮：两个人肯定是分不开的，这是一个大前提。在这个前提下，女士应该做出一些必要的调整：你肯定是不信任他的——一方面表现为你担心他有什么花花肠子；另一方面不信任他的能力。而你是典型的做得多想得少，听风就是雨，人家说什么自己就跑去做，非但自己不过脑子，也不和他商量。因为你不信任他，觉得和他商量了也没用，所以你才觉得累。你做的很多事情都是为了这个家庭着想，你心里的责任感是非常强的，但基于你对他不信任，你在前面跑得快，他就被你拽着跑，弄得很狼狈。你们之间这种关系已经形成了，但你一定要注意得有度，在这个大前提之下，你给他一些自由、给他一些尊严，他一定会加倍爱你。况且，你身上有很多缺点，他可以给你弥补，就比如说遇到事情你不过脑子，做事也很冲动，在管钱的方面做得也不太好，但是他可以，他是一个心思很缜密的人，有些事他会想得多做得少。如果你们能够在这方面多沟通，或许能够做出一番成绩来，这是你们俩在性格上很好地互补。对这位男士说，你总是说在家里觉得很压抑，但是因为你爱这个家，就只能是甘心被压抑。你的确是尊严上受到了很大的挫伤，给你一点建议，多在自己的工作能力上下功夫，在工作方面你能够赢得你老婆的信任，就可以换来尊重。

爱情导师涂磊：在场上两个人自始至终所有的对话都没有那种咬着后槽牙的恨意，彼此之间还是能够顾及对方的面子，好的婚姻是有问题、有矛盾，却怎么也打不散、离不开。男人的确需要面子，如果可以给，多少给一点吧。女方再怎么瞧不起他，不能挣钱；再怎么看不上他，在道德上不单纯，但你毕竟还是要和他过下去。既然如此，就需要寻求解决方式，更何况，刚才你描述自己家庭财产的时候说到还欠着很多外债，就说明只是这一两年里你的经济状况才有了点好转。这不仅仅是因为你遇到了好时机，又或者是自己辛勤劳动的结果，但我相信你这位老实巴交的丈夫在背后也做了很多努力，不要抓住他一次问题就开始对他咒骂，更不要因此觉得自己了不起，把自己的丈夫踩在脚底下，自己的脸上也很没面子。对男方要说的是，惧内是中国男人一种优秀的传统，古代甚至有的皇帝都惧内，你刚才在台上说："我不是怕她，我是尊重她。"这句话很有境界，那就彼此尊重，常常对妻子说点好听的。

🌸 黄金60秒

小郑：老婆，其实从第一天和你相见，就喜欢你，到现在我一直是爱你的。就是在钱方面，我们一定要量力而行，要花得有价值，一起把生意做好。

小东：只要你努力赚钱，我也会努力改一改我的脾气。

战争结果：两个人和好如初，双方都愿意为爱去包容彼此。

✿小编点评：请不要随意践踏爱的包容。

在相爱的过程中，男女双方谁爱得深，谁处于被动，可以说谁更弱势，有很多时候，这种情况也会延续到婚姻之中。一般来说，有三种因素决定了婚后的地位：情感、经济和家庭背景，后两者都是与现实和物质有直接关系，只有情感是非常主观的。

两个人相爱，但爱的程度或许有所不同，所以才会出现谁爱得深谁被动，而这个结果往往会出现两种截然不同的结果：懂得对方因为爱而去包容的人，也会报以同样的回馈，两个人的关系会更加融洽，婚姻生活也会越来越幸福；相反，如果将对方的包容视为理所应当，并且恃宠而骄，那对方的包容最终也会出现反弹，成为婚姻最大的隐形杀手。

这对嘉宾的故事就是对第二种结果的最好诠释，他们之间最大的矛盾并非是经济问题。表面上看，妻子对丈夫的百般挑剔是因为他不赚钱，不能成为家里的顶梁柱，而丈夫对妻子最大的微词也是因为她不懂得如何操持整个家庭的开销用度。可实际上，妻子抱怨的潜台词是"你赚不了大钱顺着我点还不应该吗，为什么总是说我有问题？"丈夫的潜台词是"我因为爱你才包容你，你怎么就这么不懂得体谅我呢？"

赚钱与否，在这段婚姻中并非是最严重的矛盾，而是妻子的不懂得：丈夫原本做着自己的小买卖，因为妻子的不信任，他宁愿结束也不愿意让妻子活在猜忌中；因为妻子的缘故，他没有了稳定的工作和经济来源，他宁愿去外地做零工也不愿去责备妻子半句；因为妻子的一句话，他放弃了即将到手的工资，回到老家投入新的项目，尽管血本无归，他仍然没有将这一切的责任都推给妻子；因为妻子掌管着家里的经济大权，做任何事情都是自作主张，他并没有责备妻子不尊重自己，即便是来到《爱情保卫战》的舞台上，他也只是想让情感导师来调节一下，完全没有真的想过离婚……

假如妻子能够理解丈夫的用意和包容，那他们的婚姻生活会变成什么样子呢？妻子对丈夫的忠诚有猜忌，丈夫主动结束生意，她的内心中一定会建立信任，这个男人靠得住；因为自己的猜疑让丈夫陷入没有工作的窘境，他却没有半点怪罪，反而努力地去寻找新的工作，她的内心会感到内疚，会更加心疼丈夫；因为她的冲动，丈夫投入到一个非常辛苦且不容易做的项目中，并且最终失败，她至少内心会觉得是自己的鲁莽导致了这一切，会感激丈夫的配合，而不会再去抱怨……

他们的婚姻矛盾，并非因为经济而起，即便他们拥有了无尽的财富，如果妻子仍然不懂得，那这段婚姻仍然会出现其他问题；如果妻子能够懂得丈夫的包容，不再如此强势面对，那么即便他们的经济状况仍然是这样，那日子也会变得幸福。

张爱玲曾经说过："因为懂得，所以慈悲。"在婚姻生活中，我们不能只看到表面问题，而是需要依靠智慧去了解表面问题的背后那更深一层的问题，从而找到解决问题的方法，让自己收获这份感情带来的幸福。

没有我，你能有现在的生活吗？（节目日期：2015 年 12 月 3 日）

主人公：小冬（男，27 岁，来自湖南，个体）＆小枫（女，26 岁，来自湖南，个体）

保卫战主题：经济差异导致女方强势，男方不想忍受这样的生活，提出离婚。

小冬和小枫原本是一对大学情侣，小枫家境优越，而小冬则是个穷小子，小枫觉得小冬是一个非常上进、有责任心的男孩，坚信两个人一定能够创造更好的未来。大学毕业之后，两个人顺利结婚了，并且有了孩子，在小枫家庭的支持下，两个人拿到了创业基金，做起了生意，并且做得顺风顺水。

可随着店铺越来越赚钱，小枫发现小冬对自己的态度发生了明显的转变，甚至现在提出了要离婚。任何事情都不是一蹴而就的，冰冻三尺非一日之寒，这样一对原本幸福的小夫妻经历了什么呢？

最开始，小枫的家庭出钱，小两口做的是女性服装生意，后来又开始做起了隐形眼镜。所有的工作除了前期的店铺装修之外由小冬负责，等到新铺开张之后，张罗客人、管账进货等问题都是小枫负责。用小枫的话来说，你只需要在家里把孩子照看好，我来负责店里的事情。小冬虽然嘴上不说什么，可是心里却觉得非常不舒服，觉得妻子根本就不给自己留一点面子。

因为平日里的账面都是由小枫负责，小冬手里并没有多少钱。有一次，小冬的一个朋友跟自己开口说要借几千块钱周转一下，他就和小枫商量，可小枫并不同意，因为她认为这个朋友是那种特别不靠谱的人，借给他钱就等于打水漂。小冬却说，自己在上大学比较贫困的时候，这个朋友也曾经救济过他，无奈小枫根本就不听他的想法。出于感恩的心态，小冬背着妻子将钱借给了朋友。后来，小枫还是发现了，经过这件事情之后，她坚决不再给小冬钱，甚至连每个月的零花钱都停掉了。

一个男人身上一点钱都没有，是一件非常没有尊严的事情。那天，他和妻子去超市购物，小枫和孩子先去了超市，让他去停车。但没想到的是，原本免费的停车场突然开始收停车费，小冬摸了摸衣兜发现自己身无分文，无奈之下只好又给妻子打电话让她出来交钱。

小枫不仅在金钱方面严格限制着小冬，在其他方面，小冬也觉得非常压抑。小枫有一个舅舅是专门做油漆生意的，为了扩大公司规模，想要找一个人去外地拓展业务，做专门的销售经理。于是舅舅就和小枫商量，让小冬去外地试试看。小枫和她母亲都认为，小冬完全没有销售经验，也没有这方面的人脉关系，就很反对，可小冬却认为自己有能力胜任。眼看反对无效的小枫只好放行了，但两个多月的时间过去了，小冬的销售业绩几乎为零，自己还搭进去两万多元的生活费。小冬认为，这些钱不过都是前期铺垫，等关系搭建好了以后还能赚回来，可小枫却坚持让他回来。小冬一想到妻子和丈母娘说的那些话，就坚持认为，这不过是她们不支持自己工作的借口。

回到了小枫身边，生活还是得继续，小冬又成为那个只能在家带孩子的男人。因为平日里张罗生意很辛苦，小枫喜欢下了班去棋牌室里打打麻将，放松一下。小冬就说，关了店铺十点左右，打两三个小时就必须回家。那一次，小枫打麻将手气很好，不知不觉就玩到了很晚。等她回到家里的时候，小冬大发雷霆，甚至对她实施了家暴……

🌸 丘比特问卷专家妙语

情感嘉宾苏芩：女方其实非常依赖男方，你一直在说不想离婚是因为孩子太小，我不认为这是主要理由。其实你心里很明白，你再找一个男人会像他忍受你到这个地步吗？你很享受"我说了算"的感觉，但这有一个悖论，你希望他像个跟班一样你说什么是什么，另一方面又希望这个男人特别强，帮我撑起一片天。那你觉得你希望的这两种特质能在一个男人身上体现出来吗？如果让你选你是选择前者，还是后者呢？小枫表示自己是事业心很强的女性，会选择前者。苏芩继续说，男士，其实你很了解你老婆的心思，她希望你一辈子像个小男人一样，非常听话。她其实是个控制欲很强的女人，你得无限宠爱她、顺从她。

情感嘉宾瞿玮：刚才女方一直在说，当初她喜欢上男士就是因为他上进、有魄力，可现在他还有吗？种种原因都是因为你，因为他每一次想去闯荡、想去进取、想去开拓的时候，因为你的阻挠，他放弃了，感觉到憋屈了。我一直在看你们结婚证上幸福的笑容，可你们现在的表情，都欲哭无泪了，本来应该幸福的一对啊，一定要要你的公主脾气、女王范儿吗？男人，要的是尊严，丈夫这两个字意味着什么？反过来读叫付账，男人有一种天性，希望为自己的女人去付账，希望为这个家庭去支付它所需求的东西，可是你不给他这个机会。即便是在刚才，你还在说，你有把握的时候能让男人去闯，可是凭什么一定要在你的掌控之中呢？因为这些，所以这个男人只有两个方法能够战胜你：一个是天天和朋友出去喝得烂醉；另一个就是高喊着离婚。你终于服软了，但又不是心服口服地服软，所以给你的建议就是多和丈夫沟通，听听他到底需要什么，让他出去闯荡，真正成为你的丈夫，拥有为你这个家庭付账的能力。

　　爱情导师涂磊：婚姻当中有两种人是最值得敬佩的：第一种，是在年少的时候，陪着男人过苦日子的女人；第二种，是在成功之后，陪着原配过好日子的男人，前者是爱的代价，后者是婚姻的责任。一开始你们也是这样做的，男方在困苦的时候，女方一味地付出，男方在接受这种付出之后，也认认真真地在努力着。但是到后来，为什么就变了呢？准确地说，责任是什么，责任就是你的分内事，比如说这就是我的孩子、这是我的老婆、这是我的父母，所以要关爱孩子、疼爱老婆、孝敬父母，就是我应该做的，天经地义。从某个角度来说，代价也是一种高尚的责任，我明白如果我爱他，我爱上了这样一个贫困的他，这就是我要付出的代价。但为什么你们到了后来就变了呢？因为女人认为代价不是代价，是债；男人也认为责任不是责任，是还债。债主满脸的傲慢，极尽羞辱，而债务人满心的自卑，总是觉得日复一日我也还不起，到最后我认了，就还不起，一纸离婚书，老子干脆不还了。这时候债主慌了神，觉得这多划不来，

就低低头呗。如果今天你们彻底发生了改变，你低了头，他抬了头，在将来的关系中你们可能还是一种债务关系，所不同的是，债务人变成了债权人，债权人委屈地变成了债务人，你们不如都去想想，当初两个人在一起的时候，你认为这是一份代价，还是一份投资。男人也要想想，当初这样好的一个女人对自己这么好，心里是不是也想着她对我好，将来我也要对她好。那份心思还在不在？如果你们回不到曾经，今天和好了也没用。在婚姻中，我特别讨厌低头这两个字，她低了头，男方就抬起头了吗？当一个男人用离婚逼迫女人低头，那这段婚姻已经丧失了根本的实质。婚姻的实质是付出与被付出、责任与被责任的关系，而不是你低头、我抬头这样的关系。如果你们今天是要求低头、抬头的关系，那不如去把离婚证办了；如果你们今天还能想到当初的一些状态，彼此还能去珍惜对方，那还可以考虑考虑能否继续在一起。

✿ 黄金60秒

小冬：其实我真的就是在赌博，这次说离婚，因为我不知道用什么办法让你能站在我的角度去考虑，才说的离婚。我也只是想胁迫你低一下头，正如当初相恋时说的把你的梦想当成我们的梦想，我只想和你好好走下去……

战争结果：两个人重归于好，想要找回原市的初心。

✿ 小编点评：强势，只是精神世界不满足的武装。

在婚姻生活中，我们常常会看到这样一种组合形式——"强势妻子"和"窝囊丈夫"，无论是在家庭内部，还是在外面的社交时，强势妻子永远都保持着她趾高气扬的颐指气使，而丈夫则总是一副窝窝囊囊、低眉顺眼的样子。前面咱们提到过，有三种因素决定了婚后的地位：情感、经济和家庭背景，在这个案例中，就是后两个原因造成了这一现象。

在选择伴侣的时候，老人总是会说"门当户对"，有很多年轻人都不以为然，有很多家境富裕的女孩嫁给了一无所有的男孩。在他们中间，有人选择了裸婚，依靠小两口的奋斗去换取明日的幸福；有人选择接受家境富裕一方的经济支持，但接受者并不因此而自卑，会心存感恩，而给予者并未因此而高高在上，他们也能够过着自己安稳的小日子；可还有一种情况，接受者认为自己接受的这一切都是理所当然，全然没有半点感激之情，而给予者则高高在上，丝毫不懂得给对方一点空间和尊严，两个人彼此之间已经不再是夫妻关系，而是压迫与反抗的关系，正如案例当中的他们一样。

在小枫眼里，小冬能够拥有现在的生活，都是依靠自己和自己家的付出，让他摇身一变，从一个穷小子变成了别人眼中的"幸福男人"——有车有房、有妻有儿、不愁吃穿。如果没有自己和家庭的帮衬，小冬找了一个和他一样贫穷的女孩结婚，势必要为了生活而奔波，势必要为了婚房而成为房奴……可是，这样的给予却并没有让对方感动，甚至连一句像样的感恩的话都没有，换来的只有埋怨，埋怨自己不给他留点男人的尊严、埋怨自己没有别的女性的小鸟依人。

同样，小冬也很委屈，在妻子面前，他已经完全丧失了作为丈夫的尊严，事事以妻子的喜好为准，可即便如此，妻子仍然不满足，稍一不顺心，就变着法地折腾自己。他也想像其他男人那样去为了妻儿去奋斗，可他不管做什么，妻子不是泼冷水，就是强烈反对，她只愿意让自己按照她安排好的轨迹去生活，而不愿意让他远离轨道。

其实，小枫是矛盾的，正是她自己的这种矛盾所在让她对现阶段的生活产生了不满情绪，也正是这种不满情绪导致了她和丈夫之间冲突不断：一方面她嫌弃丈夫的不作为，正如她所说，家里的一切都是靠自己和自己家庭的支撑才有了现在的生活，所以她总是抱怨小冬没出息、不挣钱；另一方面，她又担心一旦丈夫全心全意在外面打拼，就会摆脱了自己的掌控，甚至会因此而成为家庭的隐患，所以她会在丈夫准备外出打拼的时候拼命阻拦和反对。

她这种矛盾的态度让小冬完全不知所措，小冬不知道自己应该怎么做，妻子才能满意，似乎怎么做都是错。久而久之，内心的压抑和不满就在这一刻爆发出来。

在一段婚姻中想要收获幸福，经济和家庭背景只能是作为一种物质方面的保障，但不能因此而让夫妻关系变成挟持与被挟持。一个聪明的人就应该知道自己想要的是什么，如果小枫是个聪明的女性，她就应该懂得，想让丈夫能够在外闯出一番天地、在家又事事顺从她的想法，这对于小冬而言实在是根本无法达到的标准，那就退一步，选择自己最想要的。

同样小冬作为丈夫，享受到了妻子家境优越带来的好处，就势必要在其他地方对妻子以及她的原生家庭更加包容，而不是总在强调自己多么委屈、多么没有尊严。

在婚姻中，任何一方的过度强势，一方面是由于性格所致，但更多的还是精神世界上的不满足，因为不满足，所以才格外强调自己内心的缺失。女强男弱，是很多婚姻家庭都延续的生活模式，但强势的一方不可能永远强势，不要过度消耗对方的爱和包容，更不要因此迷失曾经温柔的自己。

爱情感悟：幸福是一种感受，而非一种姿态。

无论是比较传统的婚姻模式——"男尊女卑"，还是在新社会里流行开来的新模式——"女尊男卑"，都是非常个人化的选择，每一对爱人都会通过实践的磨合找到属于他们的相处模式。但无论哪一方强势，都不是惺惺作态，更不是为了掌控对方，而是出于爱。

如果能够读懂彼此眼神中的爱意，那婚姻无论是什么模式，都会有属于他们的幸福。毕竟，两个情投意合的男女愿意舍弃自由步入婚姻，最初都是希望能够得到幸福，而不是想去掌管别人的人生，更不是只想高高在上。

男人的强势，应该体现在对妻子的保护上，他们之所以大男子主义，愿意承担起养家的经济重任，是不愿意让妻子在外面受委屈，不愿意让妻子为了应付外面复杂的情况而花费过多的精力；而不是为了在旁人面前建立自己那点可怜的男人的尊严，对妻子颐指气使。

　　女人的强势，应该体现在对家庭、对伴侣无私的支持，通过自己的付出让伴侣感到包容，从而理解自己强势背后的关心；而不是整天强迫对方接受自己的强势，依靠咄咄逼人，又或者是唠叨埋怨显示自己对家庭的付出。

　　说句老话，幸福是一种感受，知足才能常乐。如果就像案例中的两位女性朋友那样，不去感受丈夫的包容和良苦用心，只是想让他无条件地服从自己、接受命令，那就是本末倒置。毕竟，任何一段婚姻，在最初的时候都是希望收获幸福。

第三节　建立一座沟通的桥梁

　　夫妻间的相处模式有很多：在刚刚进入婚姻不久的时候，小两口总是甜甜蜜蜜，恨不得每一分钟都黏在一起，有说不完的话；时间长了，两个人就开始找到了新的相处模式，他们可能会各有各的兴趣爱好，互不打扰，但偶尔还能坐在一起聊聊彼此的心事；有了孩子之后，夫妻间的共同话题似乎全部围绕着孩子、双方父母等一系列琐碎的事情；时间再久一点，他们之间已经没有太多的共同话题……

　　婚姻和爱情最大的本质，就是少了花前月下、甜言蜜语，多了繁杂家务、琐碎家事，夫妻之间的感情也会随之从炙热的爱情转换为平淡的感情。在面对这些问题时，如果双方没有适时搭建一座沟通的桥梁，那婚姻如何能够经营好呢？

　　沟通的桥梁，并不仅仅是指普通的聊天和说话，而是要敞开心扉告诉对方自己的真实感受。在婚姻中，所有的问题都需要两个人共同面对：工作方面遇到的困难，可能对方并不能给予你最正确的决定，但是敞开心扉的交谈能够缓解压力，能够感受家庭的温暖和爱人的关怀；被家务累得身心俱疲的时候，可能对方并没有时间帮你分担，但是一句"亲爱的，辛苦你了"也能让你感觉到自己的所有辛苦和付出都是值得的；为双方长辈的琐事所烦心的时候，可能对方也没有时间和能力去做什么，但是他的理解就是一种默默的支持；在为孩子的学业、成长操心的时候，可能对方也没有什么特别有效的解决办法，但是他能够理解你所有的用心良苦，也会让自己觉得有人能够理解……

可是在生活中，人们总是忽视掉"沟通"的重要性，遇到什么事情都选择把感受藏在心里，时间长了，心里积压的不满越来越多，就会产生两种较为极端的反应：有的人会开始不停地抱怨、不停地唠叨，似乎只有这样才能表达出这些年受了多少委屈；而有的人则是开始变得冷漠，他们往往都会认为是别人（这里指的别人多半指的是伴侣，也有一部分指的是伴侣的父母）造成了现在的局面，可这种局面的开始，或者说这种恶性循环的开始恰恰是自己没有选择正确的解决方式。

为何你总是没有安全感？ （节目日期：2016 年 4 月 27 日）

主人公：小王（男，32 岁，来自湖南，摄影师）& 小欢（女，30 岁，来自湖南，化妆师）

保卫战主题：男女双方因为种种原因导致女方非常不信任男方，男方觉得受不了，想要改变。

小王和小欢通过一个活动相识，经过两个多月的追求，小王终于赢得了美人心，并很快步入了婚姻的殿堂。

结婚后两个多月的时候，小欢意外宫外孕并且导致大出血，送到医院经过急救，身体并没有什么大碍。可医生告诉她，因为这一次身体伤害是无法逆转的，今后受孕的概率会比正常人低很多。

听到这个消息之后，小欢立刻就哭了，小王也非常难过，同时也很心疼老婆。但婆婆知道之后，对小欢的态度却有了一百八十度大转弯，因为小王家只有这么一个独子，自从两个人结婚之后她一直就很期待着抱孙子，可小欢却出了这样的意外，那自己想要抱大孙子的想法什么时候才能实现呢？又或者到死都看不到了？于是婆婆开始撺掇着让儿子离婚，再找一个儿媳妇给老王家传宗接代。

小欢自然知道婆婆的想法，也觉得愧对自己的爱人，便主动提出离婚。可小王觉得他对小欢有很深厚的感情，再加上小欢的意外让他格外心疼，坚决不肯离婚。看到丈夫的坚持，小欢深受感动，也坚定下来。

因为宫外孕对身体伤害很大，按理说，小欢应该调理身体至少半年到一年之后，才能考虑备孕。可是小欢知道了婆婆对自己婚姻的态度，有了非常强烈的危机感，认为如果再不怀孕，很有可能就要面临着离婚的局面。所以，在身体尚未调理好的情况下，她就开始接受治疗、服用激素药物，准备受孕。

经过一段时间的努力，小欢终于如愿又怀孕了。有了前一次意外，这一次她格外小心，稍微有点不舒服就会打电话给小王，让他放下手里所有的事情立刻送自己去医院。当然都是虚惊一场。但久而久之小王就觉得小欢是太过紧张，他本身又是一名摄影师，也不能随时放下客户就走人，到了后来小欢再来电话的时候，他有时候也会敷衍了事。可他却忽略了此时已经变得非常敏感的小欢对他的依赖，以及情感上的需求。

孩子出生之后，小欢总是喜欢调查小王，时不时地去影楼里看看小王在做什么。有一次，小王正在给模特照相，照完照片，模特就走过来看相机里的照片，正好这时候小欢走了进来，看到模特和丈夫靠得非常近，就怒火中烧。

还有一次，小王的手机坏了，有一个模特正好有一个备用机，就拿出来让小王先用着，等买了新的再把备用机还给她。这原本只是同事之间的举手之劳，在小王眼里根本就不叫事儿。可是小欢看到后也不问清缘由，就把模特的手机摔在地上摔坏了。

这两件事之后，小欢要求小王必须给所有的女模特都发一条短信说："我是一个有老婆的人，请你们不要再随便联系我，请你们自重。"小王认为这简直是太过分了，毕竟他和那些模特都是普通的同事关系、合作关系，不能因为妻子的疑心就发这样的短信，那今后还怎么相处呢？可是小欢却认为如果小王不敢发，就是心里有鬼。

小欢总是说，自己之所以从一个自信的职场女性变成现在整天疑神疑鬼的怨妇，都是因为在怀孕期间，小王并没有好好照顾自己，还总是有时间出去和朋友玩，她也想恢复原来的自信。那个时期，婆媳关系也降到了冰点，小欢的心里总是有个疙瘩，觉得当时婆婆撺掇小王和自己离婚太过冷漠，根本就没有把她当成人看。孩子出生之后，婆婆也并没有主动要来带孩子。如果没有老人帮忙带，她就很难出去找工作，更不要提重拾自信，于是她就趁着自己感冒的时候让小王和婆婆说，她感冒了，怕传染小孩，请老人把孩子接走。等半个多月过去了，小欢就说，看公婆带孩子也挺好的，那她就开始找工作吧。可是公婆却觉得，这根本就不是商量，而是一种命令。

好不容易解决了公婆那边的问题，小欢如愿进了小王所在的影楼，但小王的工作却受到了更严重的打扰。他只要和模特稍微距离近一点，小欢就回走过来，指点模特，最后甚至闹得不欢而散。小王希望让妻子能够多理解一点，毕竟这个影楼是自己在支撑，也是这个家庭主要的经济支柱；而小欢却希望丈夫能够多多关注一下自己，给自己一些安全感……

丘比特问卷专家妙语

嘉宾马丁：冰冻三尺非一日之寒，我很能理解女方，她的某些行为可能超过了老公能够忍受的范围，但促成这的原因，主要是因为有了意外之后就没有得到太多关心、心理疏导，特别是男方老人的态度没有宽容和温暖，这个心结就种下了。在这个事情发生的时候，虽然你维护她，但你没有意识到你的爱人

心里受伤的程度，远非你的维护和支持所能弥合的，这个心结更深了一步。有了孩子，带孩子的不易我们都知道，在这个时候如果没有得到缓解，她的抑郁、她的心结没有得到解开的话，前两个结又打得更深、更重了。女方啊，你心里可能就落下病根了。其实你有可能也不想那样，但你控制不住！是因为你心里不平衡，你的生活中不应该只有你的老公、孩子、猜疑、愤怒和不幸，你的闺蜜呢？你的事业呢？这些都是你生活中有益的事情，能够冲淡你内心中的忧伤，你不能把这些都扔掉。如果你不给自己的生活找到新的方向，那你们的婚姻之路也只能越走越窄，你不能害了自己，你得自救。男方，你也不能不管她，你得挽救你们的婚姻和家庭。

嘉宾瞿玮：我先问问男方，你知不知道为什么女方会有这么大的变化？小王回答说是产后忧郁。瞿玮继续说，有可能是这个原因，就比如说她很容易情绪低落、自信心不足，包括对生活失去信心，而围绕这些所有的，她的生活就是你。以前没有猜疑过，但现在总是疑神疑鬼，你应该理解，但是你没有。你可能是因为现在的经济压力大，甚至于你对她的这种表现内心是反感的，你刚才说，不是没有时间和她沟通，而是想要逃避这种状态，这都是你没有尽到一个做丈夫的责任。多跟她聊天，疏导她的情绪，多一些耐心，多想想她为了这个家付出的那些，你就会去帮助她做很多的事情。之前我们再看案例资料的时候，编导就跟我们说，这个妈妈非常不容易，我们作为陌生人和旁观者都有这种感受，你作为当事人，为什么不能多为她做一些事情呢？甚至于在现阶段多受点委屈又怎么了呢？因为你所有的付出都会有回报，你的家庭会幸福。

爱情导师涂磊：我主要是要对女方说：人啊，真的是很奇怪，当你没有什么的时候，你非常希望别人图你点什么；当你有什么的时候，你又生怕别人图你点什么。以前你很愧疚，总想给男方生儿育女，但因为你愧疚，他反而更爱你。现在你有了孩子，却又总是对他挑三拣四，你总觉得他会在外面有别的女人，但当你因为无法生育而提出离婚的时候，他仍然选择站在你身边。相反，现在有了孩子，你却又开始胡乱猜忌。上天对你已经够眷顾的了，你已经有了自己的孩子，和他父母之前攻击你的语言比起来，这是多大的幸运，你怎么反而开始愁眉苦脸呢？这些遭遇的确非常痛苦，正是因为有了这些痛苦，经过最开始的失落，反而更应该能对比出现在的幸福。原来没有的，现在有了；原来残缺的，现在完整了。男方所说的经济压力大了，少了一些陪伴，不可以理解吗？所以我觉得这个人啊，不好的时候想好，好的时候想更好，不要太贪心了。

🌼 黄金60秒

小王：老婆，其实我这段时间不在家真的是在外面工作，不是你想的那样，而且像我们曾经那么困难的时候，都没有分开，我是怎么想的你应该会知道。你真的不需要用孩子来绑住我，我不用你绑，真的。

小欢：那你工作完了的时候，多陪陪我，多和我聊聊天。

小王：一定一定，以后那些薪水不高的活我就不接了，我们一家三口多旅游，玩一玩。

战争结果：两个人解开心扉，重拾幸福。

🌸 小编点评：要智慧地表达出自己的情感需求。

小王和小欢的故事绝非是个例，如果我们多关注一下周围的家庭就不难发现，其实现实中有很多这样的婚姻：最开始的时候一方处于弱势，有可能是与长辈有关系，有可能是工作原因，小家庭在精神上、经济上承担着很大的压力，但这个时候伴侣往往都坚定不移地站在身边，不离不弃；等到事情解决了，或者日子过得舒心了之后，原先处于弱势的一方突然间变得不可理喻，会有层出不穷的理由用来争吵，把曾经坚定不移站在身边的伴侣越推越远。到了这个时候，他又会说，你不爱我了、你变了……

小欢就是这个弱势变强势的缩影，爱人真的不爱她了吗？真的变了吗？当然不是，而是根本不清楚她想要的是什么，为什么会变成这样。不可否认，在她生育孩子之前的确受到了很多来自于公婆的委屈，这也成为她心里无法解开的心结，无法抹去的阴影。

但实际上，公婆嫌弃她不能生育的影响并不是真正的伤害，而是婆婆希望小王离婚。在小欢的心里，她总是担心丈夫总有一天会听从婆婆的话，会离开自己，这才是她产生变化的真正原因。

所以小王稍微和异性有互动，她就开始疑神疑鬼，在脑子里出现"丈夫出轨"的假象；小王稍稍对自己表现出不耐烦的神情，她就开始胡乱猜疑，觉得丈夫已经不再爱自己了，然后又回到了他要离开自己的猜测当中。

在这种恶性循环中，小王却没有真正意识到症结所在，只是将这些都归结在"产后抑郁症"，是女性在生完孩子之后，心思过于敏感，导致脾气秉性发生了变化，却并没有关注妻子内心真正的需求。

或许他根本不理解，为什么有了孩子之后，原本存在的婚姻危机已经解除，母亲也对妻子有了认可，小欢却再也不相信自己了。在面对母亲强烈反对、可能无法拥有后代这样巨大的压力之下，他都能像个男人一样坚定地站在妻子身边，却仍然无法给她足够的安全感呢？

其实最关键的问题，并不是信任和所谓的安全感，而是小欢并没有真正表达出自己内心深处的真实想法。其实她心里非常明白，丈夫对这段婚姻是忠诚的，和那些所谓的异性也没有任何暧昧，她想要表达的是在怀孕之前受到的委屈和不满，也想要别人对这段婚姻、对于她作为小王媳妇的肯定。

正如小欢所言，在有了孩子之后，她和婆婆的关系并没有真正得到缓解，有的也只是表面上的平静。她没有放下婆婆当初对自己造成的伤害，同样婆婆虽对当年自己的所作所为有所愧疚，但对这个儿媳妇也亲近不来。小王作为中间的调和人，他应该站出来让两个女人放下曾经的心结，为这个小家和大家找回应有的温暖，让母亲认可媳妇，让媳妇放下怨气，只有这样，才能让小欢真正放下心结。

为何我感受不到你的真心（节目日期：2015 年 12 月 3 日）

主人公：小垒（男，27 岁，来自河北，消防员）& 小连（女，27 岁，来自河北，自由职业）

保卫战主题：女方受不了男方的忽视，坚决要求离婚，并且已经开始了新的恋情，但丈夫坚持不肯离婚。

　　小垒和小连相识、相恋在大学校园，在即将毕业的时候，小连发现自己怀孕了，当时她非常想要结婚，想要和这个自己深爱的男人步入婚姻。尽管两个人还没有工作，尽管小垒的母亲对她有诸多不满，尽管小垒的老家距离自己家非常遥远，但一切阻碍都不能熄灭这团爱情之火，于是在众人都不看好的情况下，小连嫁给了小垒，并且随着他来到了他的老家——河北。

　　因为当时小垒的母亲对小连并不满意，小连就想着可能是自己突然怀孕，让他们老两口也不能适应，所以就想要缓和和公婆之间的关系。然而，那段时间她怀孕不久，每天也需要人照顾，再加上婆婆本来就不满，所以到最后婆媳关系也并不融洽。可这个时候，原本应该充当润滑剂的小垒却整天说自己工作忙，对怀孕的妻子视而不见。更让小连不能接受的是，当她生完小孩将所有的精力都放在照顾孩子上，发现小垒竟然在微信上和一个女孩关系暧昧。

其实，小垒喜欢在微信上和陌生女性聊天，曾经在恋爱的时候就发现过一次，当时小连也哭闹过，并且让小垒发誓今后绝对不再做这样的事情伤害她，否则就分手。小垒当时再三保证，并且当着她的面删除了微信好友。看到男友这样做，小连终于松了口气。

可这一次，小连刚刚生完孩子，正是需要丈夫照顾和配合的时候，她看到微信上那个女孩甚至说出"想要和自己的男友分手，到河北来找小垒"，非常生气且寒心。拿着手机小连大声质问丈夫，为什么会做出这样的事情来？可小垒却认为，他和微信上的女孩并没有说什么太过分的话，主要是因为自己平时上夜班太辛苦，而小连又只顾着看孩子，完全忽视了丈夫的需求。

听完丈夫的解释，小连看着襁褓里的幼儿，尽管已经寒了心，但为了孩子，她还是忍了下去。好不容易等到孩子三岁，小连决定，自己一定要出去工作，坚决不能再做丈夫的附属品，过着要看丈夫脸色的日子。虽然她没有什么工作经验，大学毕业之后就做了毕婚族，可小连唱歌很好听，再加上年轻漂亮，很快就找到了一份在酒吧里兼职驻唱的工作，并且在酒吧里结识了很多朋友，有些朋友还会主动给她介绍去其他活动上兼职的机会。

有了收入之后，小连在丈夫面前开始变得强硬。有一次，小垒和小连又因为一些事情而开始争吵，小垒口不择言地说出了必须离婚，只要能离婚怎么样都行。尽管后来两个人都为了考虑孩子而没有离婚，可从这开始，他们开始了AA制生活，更加形同陌路。

那一年的十一假期，儿子的幼儿园布置了一项作业，要求他们拍一张带有欢庆十一的元素的照片。两个人带着孩子停好了车，走进一个公园，小垒想要买点东西，但发现自己下车的时候没带钱包，就跟小连说，先给我十块钱。但是小连却说，既然已经AA制生活了，你自己回车上取吧。因为这个小小的矛盾，他们在公园里争吵起来，不仅引来了围观路人，也吓坏了孩子。

经过种种事情，小连觉得，这段婚姻已经没有了维持的必要，坚决要求离婚，可这个时候小垒却突然强烈反对。没有办法，小连只好到法院起诉，可小垒却以孩子还小，并且感情没有破裂为由进行了辩解，最终法院没有宣判离婚。小连想，既然如此，干脆就再拖上一段时间，等着二次上诉。

就在这个时候，小连遇到了她生命中另一个男人，想着自己这段已经名存实亡的婚姻，很快她就投奔了新的恋情。七夕情人节的时候，小垒带着儿子给妻子买了一条手链，想要缓和夫妻关系，但是等到很晚小连才回来，在不经意间，小垒看到她脖子上有一处非常明显的吻痕。他很生气，但碍于孩子的面，他没有发作。等过了几天，儿子去上学了，他才拽住马上要出门的小连询问，究竟是怎么回事？小连非常直白地承认了自己出轨的行为，并且再次要求离婚，可小垒仍然不同意……

🌸 丘比特问卷专家妙语

情感嘉宾苏芩：刚才聊到背叛这个词，男方表现得非常淡定，并且说我可以原谅啊。但是我要说的是，你现在的状态是接受，而不代表原谅，也就是说目前这种状态，媳妇要离婚了，孩子还小，其中还牵扯着很多很多的问题，所以你现在才接受，只要不离婚就行。但假如你们不离婚了，在未来你们发生了新一轮的矛盾，之前你的愤怒就会叠加，那种爆发力是最强的。你就会想，这一切的一切我都接受了，我强忍着心里刀割似的痛苦都忍气吞声了，但是在某一个临界点的时候，当你忍不住的时候，那之前所有愤怒爆发出了，也许对这个婚姻，对你们三口之家而言伤害都是更大的。婚姻的实质不是为了不离婚，而是为了让大家过得更好，当你在这个婚姻中感觉到严重的不适，那这段婚姻还适不适合你，真的需要你们双方都好好思考一下。

情感嘉宾瞿玮：男方，在女方怀孕生子期间，就和其他女性有暧昧行为，你心里有想过你已经结婚了吗？你说你当时年轻，不懂得婚姻，其实现在你仍然不懂，因为你心里根本就不爱她。如果你爱她，自己爱人的脖子上有吻痕，居然两天不去问，如果爱这个人，当时就会询问得水落石出。所以你根本就不爱她，在你心里，她不是爱人，只是孩子她妈，你就是为了这几个字才维持着现在的婚姻。你们只不过是同进一家门，根本就不是一家人，孩子在这样没有爱情的婚姻家庭里绝对感受不到幸福，而是一次又一次因为十块钱受到残忍的折磨。同样，女方作为一个母亲，怎么能为了和丈夫置气，就让孩子受到这样的伤害呢？对孩子好一点好吗？你可以追求自己的生活，但一定要做好一个妈妈。

爱情导师涂磊：男方说话，好像特别感悟生活，好像已经七老八十。其实你们在台上，女方所有的表现都说了一句话："我背叛，我有罪，但我无所谓，因为你自私。"而男方也在说一句话："没关系,恕你无罪,生活本身就是平淡。"但是一个"恕"字，分明是说你还是有罪的。我们把婚姻称之为归宿，花开才能结果，有浓烈才可能归于平淡。我举个不恰当的例子，男方就像是消费者，女方就像是一件商品，在消费者还没有货比三家，甚至还没有开口讲价的时候，商品就一而再再而三地自贬身价，这样的商品买回家除了被冷漠对待和束之高阁，大概不会有第二种结果。一个男人还没有真正进入社会，还没有真正了解生活，还没有看清大千世界，就进入婚姻当了父亲，他怎么可能理解所谓婚姻的责任，和女方的热情？而女方一而再再而三地自降身价：这么年轻我就要嫁到你们家去，这是第一降；这么年轻就有了孩子，这是第二降；千里之外非要远嫁到唐山，这是第三降；嫁到男方家之后，看尽脸色，还要忍气吞声，这是第四降。所以说一个不懂生活责任的人，和一个自降身价的人在一起，根本不可能有所谓的婚姻的幸福。我们可以看得出来，女方说哭就哭，说笑就笑，恰恰是这种没心没肺造成了你对自己的不自重，这种不谨慎、不自重和不矜持，虽然造成了你天真烂漫的性格,但同时得不到男生的重视。我们可以看得出来，这几年的婚姻生活中，你一而再再而三地通过自降身价的方式和男方一直要一直要，可就是要不到，所以现在你死心了，那就干脆不要了，甚至堂而皇之地出轨也得不到他的重视，说实话这挺讽刺的。而男方说我不在乎，出轨就出轨，生活是平淡的。我并不认为这是男方的包容，我认为男方其实根本就不在乎，就是一个人在我心里没有价值，那你和谁在一起、干什么，也无所谓。女方，感情已死，男方，尚未点燃，就你那把火一直在那烧，可他就是一盆冷水。他口口声声说婚姻本来就是平淡，如果他迟早遇到一个能够把他燃烧的人，那女方就惨了，到了那个时候，他才不会说平淡呢，他会说生命的本质就是燃烧啊！其实只是没有遇对人，你不是他的催化剂，只是可怜了孩子。

❀ 黄金60秒

小连：我不会离开孩子的，这是我唯一在乎的东西，你没有要说的吗？

小垒：说实在到现在，我心里明白了……

小连：你真的明白了吗？我觉得你心里一直有放不下的东西，如果你有爱的女孩，我愿意放你去，我们还很年轻……

小垒：我今天真的想明白了很多事情……

战争结果：女方心已死，选择离开，不愿意再给男方机会。

❀ 小编点评：一对夫妻，为何从无话不谈到无话可谈？

对于婚姻，总会有人说"七年之痒"，有人会说爱情是一时激情，等结了婚之后，激情不在，也就变成了亲情和习惯。一对爱侣，会从曾经的"无话不谈"走向"无话可谈"，甚至有人会悲观地认为，如果没有孩子，可能早就结束了这段婚姻。

就如同案例中的小垒和小连，在他们热恋的时候，拥有着敢于和世界对抗的勇气，为了成全爱情，他们不顾父母的反对，不顾现实的制约，仍然走到一起。原本一对恩爱的夫妻，在婚后没几年的时间，就已经形同陌路，这不禁让人在内心产生疑惑，难道爱情真的抵挡不住残酷的时间和琐碎的家事吗？

一段好的婚姻是需要经营的，小垒和小连是毕婚族，在结婚的时候，他们并未做好准备，更何况没过多久他们又有了孩子。可这一切的变化，他们谁都没有重视，也没有想过究竟从什么时候开始，他们之间的关系就发生了变化。

刚刚毕业就有了家庭，马上又会有孩子，小垒作为男人，他此时此刻的压力是可想而知的；而小连心智尚未成熟，马上就要孕育新的生命，内心也不免产生诸多焦虑，再加上公婆的不满，让年轻的她根本不知道该如何应对。

在这个时候，如果他们两个人能够建立合适的沟通方式，就更能体会对方在此时所承受的。丈夫会理解妻子的不安，会帮助她尽早融入这个新家庭当中，会在这个特殊时期给予她更多的关心和安慰；妻子也会明白丈夫为了小家庭的未来去打拼的艰辛，会给他加油鼓励，会让他感到放松。但是他们却选择了冷处理。

其实现在有很多家庭在遇到问题的时候，都会选择冷处理：比如夫妻两个因为一些事情吵了起来，丈夫就会硬邦邦地甩出一句"不和你一般见识"，然后转身离开，跑到外面图清静，过上三五日的冷战生活，而后又不了了之，回到原来的生活轨迹上去。

如果只是因为一些家庭琐事，这样的冷处理是没有问题的。但冰冻三尺非一日之寒，有很多看似小事、琐事，其实背后是因为长久的积累，只是借由这些小事宣泄出来而已。如果只会采取冷处理，夫妻之间的矛盾也好、心结也罢，仍然只是表面上解决了问题，实质上没有任何改变。时间久了，夫妻双方都会感到心累、疲倦，甚至是寒心，就如同故事中的他们一样，最终也只能自食苦果。

🌸爱情感悟：沟通，只是为了勇敢面对问题。

人们常说，一段最糟糕的婚姻，绝对不是出轨、贫穷等这些问题，而是永远面对着冷漠的另一半：不管你内心是满腔怒火，还是满腹柔肠，他永远只留给你一个背影；不管你说的是激烈犀利的言辞，还是喋喋不休的抱怨，他永远只留下一片沉默。

你全然不知道他心中究竟想的是什么，对待问题到底想要怎么解决？甚而开始怀疑他对待这个家庭、这段婚姻，究竟是什么样的态度？这种疑问会在内心深处不断发酵，最终成为婚姻的最大隐患。

俗话说，哀莫大于心死，当你的满腔热情和期待永远都投射在一块冷冰冰的石头上，无论多么炙热的火焰总有熄灭的时候。

有些人总是说，并不是不愿意沟通，只是不想吵架，也不知道能在什么时间、什么场合、怎么去说出心中的真实所想，所以只好沉默。可实际上，吵架也好、谈心也好，这些都只是沟通上的一种方式，实质上还是为了解决问题。

我们在生活上常常看到这样的夫妻，他们吵吵闹闹过了数十年，尽管也因为吵架激烈到提出离婚的地步，但等他们冷静下来却发现，谁都无法离开对方。所以说吵架并不可怕，不要因为惧怕吵架，就放弃了沟通。

更何况，沟通也绝非只有吵架一种方式，也可以选择用温馨的、轻松的方式去面对。但无论是哪一种方式，都是为了让对方更加了解自己的心中所想。即便无法真正解决问题，至少也能让对方明白，有些事情不能光靠沉默面对。

除了沟通方式之外，说出问题所在同样也很重要。爱情虽然能够让两个人走到一起，但并不能让对方成为肚子里的蛔虫，洞悉一言一行背后的真正想法，就如同第一对嘉宾那样。

在面对婚姻、面对长辈、面对现实的时候，我们难免要承担很多具体事务带来的压力，也不免会受到一些委屈，在这个时候，如何正确引导对方了解自己的内心需求是非常重要的。有很多时候，丈夫总觉得妻子为了一些琐事就斥斤计较，其实她计较的并不是琐事本身，而是心里在别的事情上多了计较。

男人和女人在思维和逻辑上总是存在着很大的差异，女人往往是感性的，常常带着一点发散性思维，一件事情可以牵动着另一件，甚至是很多件；而男人往往是理性的，在他们眼中，一就是一，这件事就是这件事。

所以这就决定了，有很多事情如果不说，或者说得不清楚，他们就无法真正明白你的想法。同样，如果说得太清楚，又或者是频率太高，他们就会认为是在没事找事。如何正确、聪明地表达出内心想法，就是我们所说的情商。

聪明的人都懂得，婚姻需要经营，爱人需要沟通。遇到什么事情，一味地放在心里，只能是日积月累的矛盾加深，到了一个临界点，多么微小的事情都能成为导火索，让婚姻陷入危机。与其如此，倒不如敞开心扉，把内心所想告诉对方，两个人共同面对。

第三章

生活总会有些风雨

第一节　夫妻本是同林鸟，共同迎接风和雨

　　生活不会总是一帆风顺，总会出现各种磕磕碰碰。在进入婚姻之后，需要面对的问题比以前琐碎很多、复杂很多，随着年龄越来越大，比如双方父母的身体状况、自己的身体状况、事业遇到瓶颈、经济出现无法周转等一系列问题，都会考验着每个人的承受能力，以及解决问题的能力。

　　在西式婚礼上，总会出现这样的结婚誓言："你是否愿意与你面前的人结为合法夫妻，无论是健康或疾病，贫穷或富有，无论是年轻漂亮还是容颜老去，你都始终愿意与他，相亲相爱，相依相伴，相濡以沫，一生一世，不离不弃？"很多人都做出过这样的承诺，无论顺境、逆境，我都会不离不弃。可是现实中，又有多少人真的能够做到风雨同舟呢？

　　有的困难，是纯粹的经济问题，比如突然生病，或者是生儿育女，要支付大额的金钱。夫妻双方虽然也会因此而难免产生争吵，但如果双方能够相互扶持，开源节流，经济上的困难并不是大事。

　　但更多时候，是精神和经济上的双重压力，比如来自外界的压力，比如事业上的瓶颈，比如夫妻双方一方患有重病。即便是最初能够做到不离不弃，但也会衍生出很多问题。

　　一方面，拖累者会心怀愧疚：有的人会变得敏感，对方的态度变得稍稍有些不悦，他就会胡乱猜忌；有的人会变得暴躁，因为"愧疚感"会像石头一样压在他的心头，却不知道该如何表达；有的人会变得自卑，将所有的错误归咎在自己身上，丧失了生活的信心……

另一方面，被拖累者也会有一定的心理变化：有的人会从最初的勇于承担变成后来的无可奈何，因为生活的压力早已压垮了他；有的人会从最初的心甘情愿变成后来的颐指气使，看重自己的感受，却忽视了对方；有的人会把自己的付出始终挂在嘴上，希望通过这种方式得到对方的认同……

但是无论哪一种，夫妻之间的关系就变得不再平等，他们之间的天平发生了倾斜，被拖累者成为高高在上的主宰，而拖累者只能仰望着他。时间久了，这种不平等一定会演变成新的家庭矛盾。所以很多物质方面的困难，大多数人都能咬咬牙扛过来，可是精神上的压力，却常常摧毁一个原本幸福的家庭。

我愿意为你遮风避雨，可你为什么不理解我？（节目日期：2016年4月21日）

主人公：李先生（男，32岁，来自湖南，配送员）＆钱女士（女，32岁，来自湖南，文员）

保卫战主题：男方主动承担起还债的重任，但妻子却始终不能理解丈夫的苦衷，内心生出诸多埋怨。

李先生和钱女士相识于一次朋友聚会，之后便对她展开了追求，可是钱女士的母亲却因为李先生没有一份稳定的收入而强烈反对他们在一起。后来，钱女士怀孕了，钱爸爸看女儿铁了心想要和李先生结婚，再加上有了小孩，就帮忙做钱妈妈的工作，并且让李先生到自己的公司里工作，最终两个人如愿走

到了一起。

结婚之后，李先生非常感激岳父当初对自己的认可，所以平时对岳父、岳母很孝顺。钱女士的父亲是做生意的，因为资金周转不灵欠了外债一百多万元，为此钱爸爸变卖了房产八十多万，但还剩下二十多万元欠款。钱女士非常着急，觉得自己是家里的独生女，父亲有了困难，做女儿的更应该帮助他们老两口。在没有和李先生商量的情况下，她贸然找了自己的同事、同学、朋友分别借款，帮助父亲填上了窟窿。事后，她也没有告知李先生，直到这些人到家里来逼债的时候，李先生才明白发生了什么。

钱女士赶紧和丈夫解释说，这只是暂时的，爸爸已经答应说三个月后就会把这笔钱还回来，而且在结婚之后，父亲对他也很好，尤其是在刚刚结婚的时候，两个人因为经济压力比较大，父亲也给了很多支持。李先生心里虽然有一些疙瘩，觉得妻子并没有事先商量，但也坦言，如果妻子在借钱之前就和他商量，他也会义不容辞地承担起来这份重任。

为了还钱，李先生白天做快递员，晚上去开车赚外快，他想着只要能够多努力赚钱，这笔欠款早晚都会还上的。这样一来，照顾家庭的重担只能落在了钱女士身上。丈夫的辛苦她看在眼里，也非常感激他的理解和付出，可是她不明白的是，为什么丈夫会变得如此冷漠和暴躁。

有时候，李先生回家的时候，钱女士刚刚哄好孩子睡觉，还没有来得及收拾家务，他看到后就很生气，认为自己在外面这么辛苦地工作、还债，可妻子竟然连家都收拾不好。久而久之，他们从最初的争吵变成了相互动手。

有一次过年，钱爸爸邀请女婿来家里吃年夜饭，李先生原本非常不愿意去，无奈岳父和妻子几次邀请，他只好去了。为了张罗年夜饭，钱爸爸特意买了些鱼肉，做了一桌子好菜，没想到李先生看到后却非常生气，说有钱吃大鱼大肉，还不如省下来拿去还债。钱女士非常生气，就动手打了李先生，可李先生也觉得非常难过，毕竟这笔债务是自己在承担，可钱爸爸却一点都不体谅。因为这件事情，原本很喜欢李先生的钱爸爸对于这个女婿也诸多埋怨，认为他太不尊

重长辈了，所以两个人的关系闹得很僵。

除此之外，李先生认为钱女士也不够节俭，也不知道需要省着点过日子，还是想买东西就买，想带着孩子出去玩就出去玩，也不知道积极面对，哪怕出去兼职多赚点钱呢？有一次孩子过生日，钱女士觉得怎么也得带孩子去照张照片留作纪念，可李先生回来看到照片就认为这就是在浪费，甚至对钱女士动起手来，吓得孩子在一旁大哭不止。

自从为钱爸爸开始承担起债务之后，李先生多次对钱女士动手，起初她很理解丈夫的种种压力，也能理解他的转变，但时间长了，次数多了，她也觉得自己非常委屈；而李先生则认为自己为了多赚钱，风餐露宿，而且这笔债务也是岳父自己的问题，他能承担起来已经是仁至义尽，为什么妻子不能为自己多多解决后顾之忧呢？

❀ 丘比特问卷专家妙语

嘉宾马丁：咱们简单做一下前后对比：欠债前，一个穷小子追求家境富裕的女孩，什么都没有，只有一个傻小子对一个女孩痴情的爱，别说在门外等一个小时，等一夜都行，不舍得把你吵醒；欠债之后，等了一个小时，进门之后摔手机、打老婆，吓得孩子哇哇哭。这人变化怎么就这么快呢？在欠债前，穷小子工作不好，所以给老丈人打工，过着无忧无虑的日子；欠债之后，只好去做快递、做司机努力赚钱，虽然辛苦，但让人看得起，起码你是靠自己的实力在挣钱，你有了尊严。欠钱之前，对老婆基本很满意，但欠债之后，老婆还是那个老婆，她甚至干了更多的活儿，因为她对丈夫有了愧疚、有了压力，可原来无比真爱的老婆却换来了老公的拳打脚踢。主要就是因为男方心里有气，没钱难道过年的时候不能吃点鱼肉吗？没钱就不能花两百块钱给孩子拍个写真集吗？那男方我问你，你在外面喝不喝酒？男方表示也就喝两瓶啤酒减减压。马丁继续说，那你作为一个父亲，有抽烟喝酒的钱，就不能省下来给孩子拍写真集，留下一个童年记忆吗？真正的男人应该做到能屈能伸，你有钱的时候我敢于追求这段爱情，不图你的钱；你落魄的时候，我来支撑，咱们日子越过越好。其实哥们我都替你冤得慌，活你也干了，委屈也受了，可人你也打了，情分也丢了，这叫里外不是人，你何苦呢？所以给你一个建议，有什么苦咽到肚子里，总有苦尽甘来的那一天，别等到甘来的那一天你无法面对。

嘉宾瞿玮：我们结婚的时候都会听到这样一句话："无论你贫穷还是富贵，无论你健康还是生病，我都不离不弃。"男方你愿意吗？你心甘情愿吗？男方表示自己愿意但并不心甘情愿，肯定心里会有怨言。瞿玮继续说，你们这对夫妻背后最深刻的矛盾是什么，就是沟通交流不充分，最简单的几个例子就能看出来：第一，借朋友二十万，女方竟然没有和丈夫说，这是最典型的没有沟通；第二，女方你最傻的地方就是当时给父亲借了钱的时候却没有说丈夫的辛苦，所以父亲那边一点都没有念丈夫的好，可是谁在为这二十万辛苦赚钱？都是男方啊！为什么你不在父亲面前说他一点好，这些都是谁造成的呢？所以男方心里很苦闷；第三，男方动手，之所以会选择用暴力的形式来排遣，恰恰是说明了夫妻双方已经到了没有办法交流的地步，如果夫妻能很好地沟通，并且能够站在对方的角度去想的话，任何困难都能迎刃而解。男方表示自己平时为了赚钱很忙根本就没有时间去沟通。瞿玮反问道，这些事不是你应该做的？既然是，那就跟自己的妻子说啊。而且在欠债之后，妻子也做了很多改变，她以前是不下厨房的，现在能为你准备一桌晚饭，平时也在努力带孩子，我们都知道带孩子有多辛苦。只能说，你们两个人的转变没有事实来得快，导致了你们都给对方一个最高的期望，这是不现实的，所以调低你们对对方的期望，多加沟通，我觉得困难一定会过去。

爱情导师涂磊：路遥知马力，日久见人心。如果家里不出这个事，还看不出这个人是什么样子。男方，你承不承认自己是个自卑的人？自卑的人在接受

他人的帮助的时候，内心敏感而脆弱，嘴上说感谢，心里从不感恩，你一年还六七万，就把当初的老板、自己的长辈，踩在自己的脚底下，过年也不给个好脸色。一个六十岁的老者，曾经成功的企业家，被你讽刺得一塌糊涂，他把女儿嫁给了你，也容忍了你，但在大过年的情况下被自己的女婿羞辱，过年连大鱼大肉都不能吃。女方的父亲和男方都有一个很大的问题，不情不愿的付出，得到的不是心甘情愿的报答，一定是双方都认为的施舍。女方的父母当初也羞辱过他，如果不是因为爱你，你的父母不会让你下嫁给他，更不会把他安插在自己的公司当中，但既然已经妥协了，就不应该再去羞辱。同样，男方也是心不甘情不愿，其实你还债不是因为岳父，而是因为爱你的妻子，但你做都做了，为什么又把这事做得这么难看呢？如果在做的过程中，让对方感受到自己的真情，你不埋怨、不打她，我认为这是和岳父修复关系一个非常好的时机，恰恰证明她的父母当初看错了。如果你这么做了，她的父母一定不会后悔把女儿嫁给你这样一个男人，但是是你亲手把自己辛辛苦苦做的这一切又都给毁了，你打自己的女人，你让自己的孩子两百块的亲子照也不能拍，你让自己的岳父岳母过年大鱼大肉也不能吃，你就牛了？

❀ 黄金60秒

　　李先生：老婆我错了，我不应该打你，不管怎么样，我是个男人，应该撑起这个家，不管你父母对我有什么意见，我都应该相信你。对不起，老婆。

　　钱女士：我知道你是爱我的，但你不能总是对我动手啊，我也挺难过的，如果你能改我们还能过下去，如果你不改的话，我们今后……

　　李先生：我以后不会再动手了，也会心甘情愿地把账还完。

　　钱女士：我也会好好照顾这个家，照顾好孩子，让你不担心。

战争结果：两个人都认识到了自己的错误，愿意携手面对未来的风雨。

✿小编点评：精神上的伤害才是最大的伤害。

从表面看来，李先生和钱女士最大的困难的是经济方面的问题，但本质上是精神方面出现了重大问题：原本的富家女和穷小子结合的模式，突然之间转变成为债权人和债务人之间的关系，这种身份的转变势必会引起夫妻间相处模式的变化。

不可否认，李先生是一个有担当的男人，他在毫不知情的情况下突然背负了几十万的欠款，并且这笔巨大的欠款并不是因他而起，还能够主动承担，这是非常不容易的事情。换作别人，或者做得还不如他。

但是，什么事情都怕比较。在负债之前，他虽然也赚钱，但是因为岳父岳母家境优越，他们这个小家基本上也都是靠着岳父母的支持；可后来岳父生意出现问题，不仅不能再支撑他们小家的开销用度，甚至还需要两个年轻人来承担生意失败带来的经济损失，男方开始变得冷漠、暴躁、埋怨……

女方和女方的家人对于他的这种转变，自然是看在眼里，感受于心。最初，他们会出于内疚，加倍对李先生好，希望李先生能够感受到自己的心意，可是李先生表现出来的是"本该如此"的态度，甚至对他们横加指责，这势必会引起女方家人的反弹心理。因为在婚姻最开始的时候，是他们在帮衬着小家，换言之，也替李先生承担了不少应该承担的责任，需要他为自己承担点事情的时候，他就露出了"本来面目"……

双方都认为自己付出的已经够多了，最终受苦的人是谁呢？自然就是夹在丈夫和父母之间的钱女士。在丈夫面前，她成了没有任何用处的老婆，天天被指责说不干正事、浪费钱，可实际上她不过是在做每一位母亲都在做的事情；在父母面前，她成了不懂孝顺的女儿，因为识人不淑，找回这样一个敢顶撞长辈的糊涂女婿，可实际上她也在咽下所有委屈故作坚强。

经济压力只是一个导火索，可实际上真正让两个人都感觉到心累的并非是

金钱，而是精神上的伤害。

　　对于男方而言，他心理非常清楚，其实这个家庭的重任最初是岳父帮忙撑起来的，现在岳父不能支撑了，只能依靠他了，他希望自己在辛苦付出的同时，能够收获到妻子的关心、岳父岳母开源节流，能够对他有些嘘寒问暖，那么他在外面赚钱的辛苦就不算什么了。

　　对于女方而言，她心里也很清楚，丈夫能够主动承担已经是非常有担当的人了，可是她同样也在为这个家庭付出，原本应该由两个人相互配合完成的家务都落在她一个人的肩膀上，如果丈夫能够在回家之后主动询问一句她累不累、关心一下孩子，那么她在家里即便做再多又算什么呢？

无法为我支撑起一片天（节目日期：2017年2月16日）

主人公：武先生（男，49岁，来自长沙，驾校教练）& 凌女士（女，37岁，来自长沙，个体）
保卫战主题：丈夫毫无担当，很窝囊，却在家里窝里横，妻子坚决不愿意再过这样的日子。

　　武先生原本有过一段不幸的婚姻，因为性格不合和前妻离婚，他就带着儿子独自生活。在驾校教学员开车的时候认识了年轻美丽的凌女士，当时，凌女士觉得这个教练不像有些教练脾气大、爱骂人，总是一副很温和的样子，就对他产生了好感。考完驾照之后，两个人仍然没有断了联系，还时常出来聚餐，很自然地就走到了一起。因为武先生有过一段婚姻，并且带着儿子，所以凌女士的亲戚都非常反对两个人结婚，可凌女士就认准这个男友了，力排众议地和武先生走到了一起。

原本凌女士非常期待能够穿上婚纱，和武先生办一个比较像样的婚礼，可是武先生却认为他是二婚，不能太高调，否则会被人看笑话，坚决不肯办婚礼。最后，凌女士表示尊重武先生的想法，也就没有举办婚礼，尽管那个时候她已经为了自己的婚礼准备好了三套礼服。

和凌女士结婚之后，两个人原本恋爱时期的甜蜜和恩爱却不见了，争吵不断。而这些争吵都和武先生的不担当、窝囊有关系。

有一次，武先生骑个电动车准备进小区，前面有辆车正好刷完门禁卡，他就顺着进去了，并没有注意到后面发生了什么。在他的电动车之后有一位女士带着孩子也想开车跟进来，但是小区门禁有规定，每次刷卡只能有一辆车进入，不知情的她被栏杆拦住了，再加上这位女士本身也是个新手，急踩刹车之后，她的小孩的脑袋被撞到了。于是她就找到了武先生，并且指着他的鼻子破口大骂。起初，武先生和凌女士都被骂得一头雾水，看到那位女士越来越激动，并且手指也块戳到武先生的脸上，凌女士反手就拍了那位女士的手一下，这下子女士更加气愤，直接打电话找来七位壮汉，准备要"讨个说法"。在面对七个壮汉的时候，武先生却坐在沙发上一声不吭，甚至都不走到妻子身边保护她，最终，在七个壮汉的怒火下，无奈的凌女士只好打了110。

还有一次，武先生和凌女士在外面吃饭，吃完饭后凌女士去结账，服务员就过来收拾桌子，就在这个时候，凌女士听到武先生大叫一声，她连忙回去看，原来服务员在收拾桌子的时候，不小心把消毒液喷到武先生的眼睛里。她非常生气，就让服务员把经理叫来，两个值班经理走过来之后并没有息事宁人，反而在那里辩解，一点都不想承担责任，凌女士就更加生气。就在双方争论的时候，武先生却只是捂着眼睛坐在那里，始终一言不吭。

当两个人面对困难的时候，凌女士认为武先生作为一个男人、作为自己的

丈夫，他从来都是躲在后面，反而让她一个女人抛头露面，和别人去争辩。除此之外，在家里，他同样也是个甩手掌柜。有一天正好赶上儿子过生日，她就请了几个亲戚来家里做客，当她在厨房里炒着菜，突然听到不到两岁的儿子大哭，她跑出厨房，看到儿子摔在地上，而丈夫却坐在沙发上玩着手机。凌女士觉得很不满，自己在厨房里忙活饭菜，作为丈夫和父亲的武先生却根本不看着点孩子，于是她就抱起儿子扔给武先生，想让他看着点，可武先生也非常生气，顺手就拿起一把凳子摔倒了凌女士身上。

不看孩子、不做家务也就算了，而且武先生对家里也很抠。考虑到武先生还有个亲生儿子，这也是再婚，所以两个人从交往之初就约定俗成地采取了AA制生活，本身武先生在驾校当教练挣得并不多，所以凌女士就想着不如让丈夫到自己的公司做自己的专职司机，虽然不给他工资，可是家里的所有开销都是由妻子来拿。武先生对此也很委屈，觉得自己已经做了全职老公，可不管自己怎么做，妻子仍然都不满足，他认为为人处世应该温和一些，不要那么暴躁。

后来，凌女士为了照顾自己的公司，不顾丈夫的反对，坚决在公司附近租了一套两百多平方米的大房子，不仅让公司的助理将这里当作宿舍，还时常让自己的母亲来这里给员工们做饭，并且毫不顾虑武先生的面子，当着员工的面对他指手画脚。武先生非常不满，认为她能对公司的下属这样好，却不能将自己的温柔拿出来分给家里，尤其是自己已经七十多岁的老母亲，不仅要帮忙带着小孩，有时候还要来这里给员工做饭。最终岳父岳母和武先生站在统一战线上，而武先生和前妻所生的小孩却十分理解继母的难处……

丘比特问卷专家妙语

涂磊询问：武先生和前妻为何离婚？

武先生：性格不合。

涂磊：那前妻的性格和凌女士的性格相似吗？

武先生：不，前妻的性格，按照她（指凌女士）的标准就是比较懦弱，但我们两个人关系很好，即便是离婚了，也会因为孩子聚在一起，吃个便饭。而且我妻子也和她一起吃过饭。不过她也说过我为什么还要和前妻一起如何如何的话。

心理咨询师柏燕谊：男方您既然敢娶一个比自己小十二岁、事业有成的女士，那您就得承受她背后带来的一切，比如说娇气、矫情、完美主义，因为女方三十三岁才初婚，那她肯定是对婚姻寄予了很多美好的期待，所以您不能说又吃着甘蔗甜，又觉得甘蔗扎嘴。另外，您也谈到了前妻的问题，让我觉得你们两个人都处在一种边界极其不清晰、角色定位不清晰的状态，您和您的前妻以及现在的妻子搅和在一起，并且希望两个人能成为朋友，为了孩子做其乐融融的一家人，您这种想法太理想了。因为女人本身的嫉妒状态就是会比男性高一些，对于爱的排他性也要高于男性，所以您凭什么认为您有那么大的魅力，又能让前妻和您做朋友，又能让现在的老婆去接受呢？您真的没有太把凌女士当回事，不够尊重。武先生表示说自己并没有强制，而是咨询过妻子的。柏燕谊继续说，您当时问这个问题的时候，她一定不是欣然应允，而是咬着牙说我去，如果她说不去那显得多小气呢？所以当您这样问的时候就已经把女方架在这个高度了。对于这位女士，同样是刚才那句"边界不清、角色不清"，助理怎么能住到家里呢？您在这一点上也并没有尊重男士的想法，您就是把自己的需求凌驾在所有的需求之上，把自己的情绪凌驾在他人之上，您要求一位男士百分百地放弃自我，完全听从于您，同时还要求他在起冲突的时候，能够站出来保护您，这种分裂的状态让男士无所适从，您到底是想要小绵羊，还是想要大灰狼，这个是您必须想明白的，否则他永远无法追随您如此多变的需要。

嘉宾瞿玮：女方，你说你当时爱上武先生就是因为他老实，而现在你反映出来你无法容忍的也都是他的老实，他没有变化啊，你为什么要和他离婚呢？

你知道你最大的问题是什么吗？你很委屈、很憋屈，但这些都是你自找的。父母反对，不同意你们在一起，可你依然选择了他，因为他老实；没有婚礼，尽管你说是尊重他，但结婚之后你所做的事情哪一件是尊重他的呢？你把他当什么？是当老公，还是当助理，又或者是免费的司机啊？女方表示因为武先生太窝囊，所以才把他安排在自己身边。瞿玮继续说，在没遇到你之前，他也过得好好的啊，在驾校当教练也很专业。你让他辞职跟着你干，却不给他开工资，找你要点油钱、过路费、停车费，你还把这些钱也算在工资里。在家里，你还让员工住在家里，这个家庭太复杂了，里外不分。所以给你的建议就是，既然找了一个老实人，那可能在外面他会表现得比较窝囊，但是在你看来是窝囊，在旁观者看来他就是讲理的。你讲的那两件窝囊的事情，如果不是你不分青红皂白地冲出来，可能都会得到很合理的解决，把事情闹大造成不可收拾的后果，都是因为你。回到婚姻当中来，我猜女方是想让我们挽留他，只不过是想让我们说说他，但是不好意思，你最应该被说。

爱情导师涂磊：一个像火一样的女人，她的初婚一定是热情似火的，一定是充满希望的，一定是希望像燃烧一样的状态，能够在如火如荼的过程中面对自己的新生活；而一个像冰一样的男人，选择了再婚，他对婚姻的诉求不是如火如荼，而是冷静处理，平静对待。所以你们对婚姻的诉求和期望不一样，事实上想象的也和自己实际身处的婚姻状态不一样。先说一个问题，爱与不爱。我认为像你这样一个如火的女人一定是爱他的，不办婚礼，对一个女人第一次婚姻来说，多半是不能忍受，而像你这样一个脾气暴躁的女人当然也符合你的性格——不顾一切家人的反对，即便是没有婚礼，我也愿意嫁，宁可拿着三套婚礼装，半夜三更自己看着伤心，也要嫁给他；包括你和他前妻的孩子关系也很好，在我看来你是爱她的。但是这个像冰一样的男人，其实并不那么爱这个女人，人家把自己所有的一切都给了你，你居然以"二婚不能太高调"为由，没有给她一个婚礼，这是她一辈子的缺憾。从这个角度来看，男方并没有多爱她。

还有，从女方诉说的那两件比较窝囊的事件来看，虽然确实是你性格比较冲动，但是从男方的态度而言，恰好说明他并没有多爱女方。尽管女方冲动，尽管女方把事情闹大，但作为她的丈夫、作为她的男人，作为比她大十二岁的中年人，也应该出面来保护女方，来把事情妥善解决，这是作为一个男人、一个丈夫应该做的，你不仅没有做，甚至没有那种本能去挡在她前面，所以，我认为男方没有多爱女方。说完了爱与不爱，我们来说说相处，你们每个人都过高地估计了自己的能力。像火一样的女人认为，结婚之后，我的热情可以融化你；但是这个像冰一样的男人认为，凭我的冷静和以往的生活经验，我可以让你更听我的话，来主导我的生活。但事实上你们都想错了，如果用火去烤冰，其结果不是融化，而是开裂，男方现在就是崩开了，女方那是大火，你要用小火去烤才能慢慢融化。还有一点，女方也确实是有点太里外不分了，怎么能让助理住在家里呢？这样的情况下，你何尝考虑过一个曾经结过一次婚的丈夫，天天看着四个助理伺候你，内心又作何感受呢？而且他也是你的助理之一，还是最没地位的那个，你让他如何面对自己的人生，他会认为自己的婚姻一次不如一次。如果你这火烧得对，不仅能够燃烧男方，还能把日子过得像温水一样舒服。如果两位还想要继续的话，给出几点建议：首先，女方一定要把无名火收起来，聪明的女人是小火慢炖，并且把公私分清楚，助理就应该自己找房子，自己工作；其次，你得给他自尊，你不给他面子谁给他面子。同样对于男性来说，你既然娶了一位年轻的娇妻，就应该给她的是更多呵护，在生活中给予她更多的辅助，有些时候也要软中带强，在危险来临之时也要挡在她前面，做一个男人、一个丈夫该做的。等你们什么时候小火把冰融化了，变成温水的时候，这日子也就该滋润了。

✿ 黄金60秒

武先生：老婆，现在是距离产生美，你把我赶出去也产生了一定的距离，我相信你是越来越美了，以后能不能我在家带孩子，你是个强人，我比不上你，那请你给我开点工资。

凌女士：在这里跟我讨要工资啊。（众人笑）爱情需要经营，我希望是一辈子。

武先生：这个我相信！

战争结果：两个人重归于好，都认识到了自己性格上的短板。

☀小编点评：关键时刻，才能看出一个人的心。

在很多影视作品里，我们总能看到这样一个场景：女人在外面因为火爆脾气惹出了麻烦，男人就非常霸气地冲出来，大吼一声："谁敢欺负我的女人！"紧接着就会上演一系列为了维护女人做出来的过激行动，比如与人发生争执，甚至到了动手的阶段。

可是，在现实生活中，解决这种问题的最好途径绝非是争吵、动手，这样做无疑是在激化矛盾，有很多其他的方法，比如报警、寻求第三方帮助、投诉等方法。

正如涂磊所言，凌女士是一个如火一般的女人，在对待生活、工作等方面都有着火一般的热情，但同样也有着脾气暴躁、一点就着的缺点。她所言的两件让她感到寒心的事情，概括起来就一句话——"作为女人我都冲上去了，你作为一个大老爷们，怎么能窝窝囊囊地缩在后面，还得让我保护你呢？"

人们常说，关键时刻，才能看出一个人的真心。仅凭这一点，凌女士就认为，丈夫的心里没有自己。但是，这种指控只是凌女士站在自己的角度去思考问题，她根据武先生在这两次"关键时刻"没有挺身而出就得出了自己的结论，可这个结论就是武先生内心的真实想法吗？

在武先生看来，有很多事情都是不需要去争辩的，比如说凌女士口中那两件最能表现他窝囊没担当的事件，无非都是生活中一些鸡毛蒜皮的小事。无论是和邻里发生的小口角，或者是在饭馆里引起的小争辩，他都认为这些事情都只是生活中的插曲而已，断不能因此就定义为他心里没有凌女士。

他心里其实同样有着无穷的委屈，他疼爱凌女士的方式就是用自己的胸怀去包容她所有的坏脾气。在外人面前，他没有半点做男人的尊严；在家里，什么都得听老婆的；对此他虽然也有无数的抱怨，却因为爱都选择了隐忍。这才是他作为一个男人疼爱女人的方式。

这就是凌女士和武先生如何表达爱人方式的认同不一致，爱一个人究竟该如何表达呢？其实每个人的选择都不一样，甚至在每个年龄段的认知都会有所不同：当我们自己还年少轻狂的时候，可能会认为那种能在关键时刻冲出去为自己打架是一种爱的表现，因为那样会觉得特别有男人的担当，特别有安全感；可经过了岁月的积累之后，会慢慢明白用什么样的方式去解决问题才是最好的，冲动并不能解决问题，反而会成为激化矛盾的关键。

如果武先生和凌女士一样，也是一个热血汉子，在发生邻里纠纷的时候，或者是饭馆里发生争执的时候，他也撸胳膊挽袖子地冲上去，这样凌女士的确能够感受到丈夫愿意为自己遮风挡雨了，那后续又该怎么解决呢？这还只是小事情，如果真的因此发生意外，造成了不可挽回的损失，那岂不是真的无法弥补了吗？

同样，武先生认为的爱，是一种妥协，在妻子因为工作比较暴躁的时候，在妻子因为琐事而感到烦心的时候，他尽可能地用男人的胸怀去包容。在他看来，一静一动、一热一冷，这样家庭才能获得短暂的平衡，他的这番苦心凌女士并没有感受到，反倒是凌女士的父母理解了这个不善言辞的男人的做法。

其实，这对夫妻之间最大的问题并不是凌女士认为的"男方不够担当"，也不是男方认为的"女人太不温柔"，而是没有找对倾诉和表达的对象。武先生的付出，凌女士没有感受到，反而是凌女士的父母感受到了；凌女士的想法和难处，丈夫没有感受到，反而是和自己没有血缘关系的继子能够感同身受。

如果能够将这种错位的"理解"放对位置，互相能够理解，生活中又怎么总会多风雨呢？

🌸 爱情感悟：要求别人承担，不如自己修炼。

生活中总是充满了很多不顺心的事情，正如人所说，不如意事常八九。而这种不如意的事情，有时候是真正的考验，比如突如其来的疾病、财产损失等，可更多的时候，是生活的磨砺和繁杂的琐事。

第一对案例中的夫妻所遭受的就是经济方面的重创，从而引发了更大的家庭矛盾。在很多家庭里同样需要面临这样的问题：突然间经济压力增大，怎样调整这样的变化呢？其实经济压力并不可怕，可怕的是因它而带来的压力和沟通不畅。

任何一个家庭都会有比较费钱的阶段，小到需要为家里添置什么物件，大到孩子的出生、教育，又或者是家人生病等，在这种特殊的阶段，夫妻二人更应该学会相互搭配、相互扶持。

有人说，一段好的婚姻，夫妻之间不仅仅要有爱作为基础，更要有一种心灵方面的默契，这才是最好的你中有我，我中有你。即便是遇到了重大困难，无论是经济方面的，还是身体方面的，两个人不仅要做好自己应该做的事情，更重要的是去体谅对方的难处。

就如同案例当中的两位，都只想到自己的辛苦、自己的付出，却完全忽视对方，久而久之就多了委屈和抱怨，最终也只能将所有的视线都集中在自己的世界里。其实在这种时候，最好的方式就是做好自己手头的事情，关心对方心里的想法，只有双方都做到这一点，才能齐心协力渡过难关。

当然，在婚姻生活当中，并不是什么风雨都是所谓的大事，也有很多突发的小事，但这些同样也能成为压垮婚姻的最后一根稻草，因为它们被称作是"关键时刻"。就如同第二对夫妻，其实在旁人眼中看来，他们所列举的都是不值一提的小事，可在当事人眼中，这已经不再是小事，而是婚姻中，甚至是人生中的某个转折点。

这是因为在婚姻生活中内心长时间内得不到满足，就比如说凌女士一直渴望得到丈夫的保护，能够满足自己小女人的心态，而不是什么事情都让自己冲在前面。在家里一直是这样的状态，她也就忍了，但是出门在外遇到事情，丈夫仍然这样做就让她觉得丢了面子，自然就成了大事。

但是过分关注只能是让自己更不舒服，因为每个人对待事物的定义都有很大的区别，不可能完全一致，所以过分要求别人，倒不如让自己强大起来。

婚姻，是以感情和物质作为基础发展的情感关系，两个人有责任共同来承担，可我们不能强求对方过分承担，无论大事还是小事，都是如此。这两个情感案例里的夫妻都存在一个共同的问题，就是过分要求对方去承担责任：第一对的妻子在没有和丈夫商量的情况下就让他背负了几十万的债务，尽管丈夫并没有说什么，是不是就恰好说明她早就认定了丈夫有责任背负债务呢？第二对妻子同样也是在丈夫完全没有准备情况下冲了出去，并且和别人发生了争执，不管这场争执最终如何收场，是不是妻子理所应当地认为"男人就应该冲在前面"呢？

其实她们都没有给对方留出选择的余地，第一对的丈夫选择了被动接受，但免不了在内心深处对妻子、对造成这个局面的岳父产生了诸多抱怨，从而导致他态度上的转变；第二对的丈夫虽然没有接受，选择了用沉默来对抗，那么产生抱怨情绪的就变成了妻子。

所以一个家庭想要经营好，相互商量、彼此体谅、携手并肩这些都是必不可少的沟通环节，在小事上尚且如此，更何况生活中的风风雨雨呢？

第二节　请以专一且真诚的心态面对婚姻

　　婚姻和爱情一样，甚至比爱情更甚，具有排他性，而这一点也被写进了法律里，受到法律的保护。可现实生活中，"出轨"却成为一种屡见不鲜的社会现象。无论出于什么原因，这都是对婚姻极不负责的表现，即便是伴侣有多么糟糕的缺点、生活出现了多么烦心的事情，我们都能够选择先解决婚姻内部出现的问题，实在解决不了，还可以选择离婚让自己拥有重新选择的权力，而不是在问题尚未解决之前，就欺瞒自己的另一半而去另觅新欢，无论是对自己的婚内伴侣，还是对自己婚外的"真爱"，这都是极其不负责任的。

　　但是，我们并不是要讨论怎样避免出轨，这无疑是将所有的希望都建立在自己另一半身上，而且这本身也是一道无解的难题。真正能够拿出来探讨的，是我们该用什么样的方式来处理"出轨"问题。

　　婚内出轨比恋爱期的劈腿更难处理的主要原因，一是因为涉及的人更多一些，比如自己的父母、对方的父母，以及孩子，甚至还要涉及亲朋好友；二是过分担心孩子，担心离异对孩子造成伤害、不知道该怎么和孩子说明情况等；三是经济方面的考量。

　　被出轨是每个人都不愿意遇到的，但如果遇到了该怎样把所有的伤害降到最低呢？又或者说应该采用什么方法来捍卫自己的婚姻呢？如果伴侣苦苦哀求，又是否能够原谅他的背叛呢？

你凭什么让我原谅你？（节目日期：2015年7月8日）

主人公：小戴（男，42岁，来自湖南，自营店主）& 小郑（女，48岁，来自湖南，无业）

保卫战主题：男方曾经出轨导致离婚，现在要求复婚，但是女方不愿意。

　　小戴和小郑曾经是一对结婚多年的夫妻，两个人白手起家，共同创业，还有了一个可爱的孩子。为了照顾孩子，小郑选择回归家庭做全职太太，没想到却由此开始了斗小三的艰辛旅程。

　　第一次，小郑的朋友告诉她，外面现在都在传小戴找了一个女人。通过这个朋友，小郑得知了第三者比较详细的信息，暂时将这个女人称之为A吧。小郑并没有像其他原配那样找A大吵大闹，她通过偶遇的方式认识了A，并且时常和A出来吃饭、喝茶、聊天，到了后来，A甚至将小郑当成了知心大姐。有一天晚上，小郑偷偷跟踪丈夫，发现他和A搂在一起，很亲热地走进了舞厅，但是理智的她并没有冲进去，而是第二天将A约了出来。恰好那一天，A和小郑说起自己最近的感情出了一些问题，并且坦言说自己和一个有妇之夫有暧昧关系，她心里知道这件事情不对，也不应该放任这段感情继续下去，可是自己却又有点情不自禁。小郑一听，觉得A也是一个善良的人，并不是那种贪图钱财的、故意破坏人家家庭的女人。后来A的孩子生病了，在这里举目无亲的她就找小郑求助，小郑到医院帮着她一起照看孩子，经过这次共患难之后，A 对小郑充满了感激之情，就想要请她吃顿便饭。在吃饭的时候，小戴打来电话，A 就看到了电话上显示着小戴的名字，于是就问小郑这个人是谁，小郑当然知道她是为什么而问，就开诚布公地说是我丈夫。迟钝如 A 也明白是怎么一回事了，自然而然也退出了这场斗争。

第二次，小郑正在逛商场，却看到丈夫和一个年轻女孩在柜台前挑选首饰。和第一次一样她并没有激动地冲进去，而是跑到了公司去询问和自己关系好的人，果然最近公司招进来一个年轻的大学毕业生，这里称为 B，和自己的丈夫关系走得比较近。于是她又想用老办法去感化 B。刚刚毕业的学生一般来说经济上的压力会比较大，小郑就特意找到 B，跟她说自己的小孩需要家教，B 就同意了。而且平时小郑总是带着 B 去逛街、买衣服、做头发等，时间久了，B 对她同样也很信任。有一天，小郑故意带着 B 回到家里，B 一看客厅里摆放的小戴的照片，就愣住了，也明白了怎么回事，立刻夺门而逃。原本小郑以为 B 也会和 A 一样知难而退，没想到 B 却没有这么做，反而是每天打电话过来用很难听的话来辱骂小郑，并且威胁她让她尽快离婚。

第三次，小戴又在外面拈花惹草，忍无可忍的小郑终于彻底爆发，和小戴发生了激烈争吵，恰好这个时候小戴喝了酒，听到妻子的质问恼羞成怒，就跑到外面和邻居们抱怨。这下子，全小区的人都知道了小戴出轨，以及小郑智斗小三的事情。好面子的小郑觉得丈夫已经到了无可救药的地步，不仅不知道悔改，反而变本加厉，甚至认为是自己没事找事，于是提出了离婚。

离婚之后，小戴的公司经营不好，赚的钱越来越少，再加上因为离婚，两个人的孩子成绩下滑，而小戴的父母也常常责怪他，这样好的一个媳妇竟然给气跑了。现在，小戴想要挽回这段婚姻……

❀ 丘比特问卷专家妙语

嘉宾瞿玮：女方，你觉得你累不累，你想守住老公得不断和不同的情敌做斗争，但凡今后男方又有了钱，他可能还会这样，那会儿你年纪更大了怎么办呢？小郑坦言她这次来并不是想要和小戴复婚，只是想让他死心，不要再纠缠自己，并且通过这个栏目让电视机前的人都知道他是一个什么样的人。而小戴则表示再也不犯同样的错误。瞿玮继续说：你保证得了吗？你拿什么让她相信你呢？所以对女方说，你们两个人之间唯一的联系就是孩子，孩子有没有说妈妈，我想你和爸爸继续在一起呢？女方表示没有，因为爸爸做的这些事，也不怎么搭理爸爸。瞿玮说：很好，这是一个通情达理、明辨是非的好孩子，只要他明白那目的就达到了，我们没有必要和他在一起。资料上写，你们两个人从老家出来打工吃了很多的苦，甚至渴了都只能在马路边上找别人喝剩下的饮料来解渴，男方那时候你是怎么想的？你对你前妻的感情到哪里去了？为什么有了钱就一定要变坏呢？就是因为外面的那些诱惑吗？你回来的目的到底是什么？所以，只有一种情况女方还有可能来考虑，那就是他是否真心悔改，是否能够坦荡认错，是否是因为爱你才想要复婚，到了那个时候再考验他，但现在绝对不是答应他复婚的时候。

嘉宾马丁：我觉得这个案例背后我们更应该讨论的是，为什么女方在二十多年的婚姻当中不断用讨好第三者、唤醒第三者良知来保卫婚姻。女方表示自己没有办法，毕竟有个孩子，毕竟当初一起打拼的时候吃了太多苦。马丁继续说：那您到底是留恋一起吃过的苦，还是担心孩子的教育，还是自己觉得对这个男人还有不舍？女方表示，以前在一起吃了那么多的苦，他不珍惜，但我还是会尽我的能力去珍惜。马丁反问：那为什么现在想通了？我就担心，在舞台上你说你不想再和他继续纠缠了，等你回家之后心一软，毕竟夫妻一场，又接纳他了，那就没意思了。

爱情导师涂磊：我想告诉这位先生，你知道你的前妻在这些年里对于你来说她像什么吗？她像你的遮羞布。你们两个人整个下来的对话，和几十年来的

生活就像是一幕情景：男方非要脱光了往外跑。你的妻子说，穿上吧，咱还要脸。她给你穿上一次，你又要脱掉一次，然后你的妻子又和你说，人活在世，人要脸，树要皮。给你穿上没多久，你又要脱掉。这会儿你知道低着头给谁看，体现出内心有多忏悔吗？湘潭是个小地方，我在那生活过，一点大的事情就会马上传得人尽皆知，一句"家丑不可外扬"纵容了多少邪恶，太虚伪了，太要面子了。还有一句话叫邪不压正，但是在你们的生活当中，这种善良生生被邪恶所绑架，因为善良的人没有底线，死要面子就只能活受罪，可女人碰到的恰恰就是一个根本不想要脸面的人，你们之间的互动不就像我刚才描述的场景那样吗？当女方你一次次用自己的行为去感化第三者，第一次做、第二次做，你周围的人了解这件事的时候会这样说，这个女人太不容易了，但是第三次、第四次之后，你猜别人会怎么看？别人会说你和他是一伙儿的，你在为邪恶做售后服务，别人不会再认为你是为了感化对方，人家会认为你是在纵容邪恶。我不是说女人在采取方式来捍卫自己的婚姻的时候就一定要去吵闹，如果第一次发现问题用这种方式我认为是可取的，但得看是对什么样的人，对知耻的人是有用的，对不知耻的人只能是纵容无耻。既然他不要尊严，那你就带着尊严走，千万别让孩子再受他的影响，事情既然已经到了这个地步，面子就一文不值了。

🌸黄金60秒

小戴：老婆，我真的知道错了，虽然在座的嘉宾给你了这些意见，但我还想请你给我最后一次机会，把这个家复合起来。

小郑：我不知道还能不能原谅你，我也不知道该不该原谅你。

小戴：真的，这一次我真的知道错了，原谅我吧，给我最后一次机会吧。

战争结果：女方为了孩子选择从转门里走出来，男方激动地奔过去下跪保证，涂磊愤然离场。

小编点评：有些底线不能选择妥协。

一段婚姻要维系下去，忠诚是其中必不可少的、最基本的条件之一，这不仅仅是约定俗成的认知，更是法律上的条文。尽管有着诸多约束，可仍然会有很多人在婚姻中无法保持对伴侣的忠诚，只是有人选择停在精神层面，有人选择直接出轨。

不可否认，当激情退却之后，曾经的海誓山盟、甜言蜜语都被日复一日的琐碎生活所掩盖，对待彼此都已经不再有任何新鲜感，外面的世界就变得格外有诱惑力。所以有很多人都希望家里依旧温馨，可外面的暧昧游戏也不停止，坐享齐人之福。

无论如何，出轨都是对婚姻不负责任的表现，这一点无可厚非。但如何面对伴侣出轨，每个人都会有不同的情绪和处理的方式，因为方式的不同所得到的结果也自然不同。

有些现代女性，尤其是在经济上非常独立的女性，在得知丈夫出轨的事情之后，会决绝地选择离婚，虽然伤心难过，但也不会赌上自己的后半生幸福；也有一些女性，她们不轻易离婚，也不轻言原谅，而是选择慢慢观察，如果丈夫真的有悔过之心，也会逐渐解开心结，但如果丈夫仍然不知悔改，又或者是做做表面功课，那就干脆放手；但还会有一些人，她们会采用各种方式去挽留自己的丈夫，即便丈夫已经出轨，她们也抱定了"绝不离婚"的念头。

在最后一种女性之中，她们会采取两种完全不同的方式：性格比较软弱的女性，会放低自己的自尊，苦苦挽留丈夫，只希望他能够和"第三者"断得干干净净，好好过日子；性格比较极端的女性，有可能会将一腔怒火都撒在"第三者"身上，所以网络上才会出现层出不穷的"原配怒打小三"的视频。

在这段案例中的小郑其实是最后一种女性中的代表，虽然她没有对"第三者"做出极端的辱骂行为，也没有做出太损伤自己尊严的行为去挽留丈夫，而她依然不离婚的原因是很多女性都常用的借口——为了孩子。

可实际上，她一次次地主动跑去找"第三者"，无论是采用怀柔政策，还是用"原配"的姿态击败对手，虽然她保全住了自己的婚姻、自己的家，可她真的幸福吗？正如涂磊所言，第一次她这样做，会有人说她智慧，第二次，别人会说她委曲求全，可是第三次、四次呢？那她还能有尊严吗？

那么面对伴侣出轨，最好的方法究竟是什么呢？既不是放低自己的姿态去挽留一个不属于自己的爱人，也不是"眼里揉不得沙子"的决然，而是理智的抉择。

有的人在情感方面有精神洁癖，不能容忍伴侣的不忠，这种品质是值得人敬佩的。可是婚姻绝非是一个简单的事情，尤其是在有了孩子之后。因为婚姻不仅仅是两个人，而是三个家庭，包括两个人的原生家庭，还有他们以及自己的孩子所组建的小家庭。有一些人做到了眼里不揉沙子，愤然离婚，可心里却充满了怨恨，甚至在多少年都过去了之后，仍然无法放下这段创伤，而无辜的孩子也不幸成了这场婚姻的受害者。所以，当得知伴侣出轨之后就因为赌气而愤然离婚，绝非是最好的选择，这对自己、对父母、对孩子都造成了无法弥补的伤害。

出轨，对伴侣、对家庭无疑是一种背叛，但如果出轨者能够认识到错误，并且愿意改正错误，也是可以原谅的，但是"原谅"并不能太过轻易。我们常常能看到这样的案例：男方出轨了，在女方发现的时候跪在地上，痛哭流涕，诅咒发誓说要改正，女方心软就原谅了，可是没过多久他又固态萌生，让婚姻陷入恶性循环当中。

婚姻需要经营，即便是婚姻的基石发生了动摇，也有很多不同的解决办法，但本质都是为了收获幸福。无论是否离婚，无论是否原谅，都要以自己和家人的幸福为主，因为幸福才是我们生活的最终目的。

你失落的时候才会想起我（节目日期：2015年5月7日）

主人公：小雷（男，35岁，来自湖南，自营店主）＆小友（女，33岁，来自湖南，自营店主）
保卫战主题：男方在女方怀孕期间出轨导致离婚，现在男方想要挽回。

　　小雷和小友两个人在结婚之后，通过摆地摊做生意开始为了新生活打拼，由于经营有道，收入逐渐高了起来，从摆地摊到开门脸店，可以说，生活是越来越好。并且在这段时间里，小友生下了女儿，一家三口非常幸福。

　　后来，在小雷和他父母重男轻女的压力之下，小友怀了二胎，于是回到家里安心养胎。有一天，小友的朋友在KTV里遇到了小雷和他的一群朋友，想着大家都认识就在一起玩，虽然KTV里很吵，但朋友还是听到了小雷的几个朋友都管其中一个年轻女性叫嫂子，而且这个女孩和小雷之间的互动很是亲密，并不像一般的朋友关系。出于朋友的担心，她将此事告诉了小友。当天晚上，小雷打理生意后回家，小友就直接问他怎么回事？小雷恼羞成怒打电话给那位朋友，并且把人家大骂一顿。看着丈夫这么激烈地反驳，小友就想是不是自己太多疑了，误会了，于是没有放在心上。

　　因为胎儿有些不稳，导致小友晚上睡得也不够安稳，常常起夜，她很担心自己会影响丈夫的休息，就让小雷去书房睡。有一天晚上，小友起床去卫生间，听到丈夫在和别人打电话，可等她推开门走进去的时候，小雷连忙挂了电话，还解释说只是一个朋友。经过这件事情，小友的内心就开始对出轨一事有了怀疑。没过多久，小雷的手机坏了，送到店里进行维修，等修好之后小友就替丈夫去店里取，于是就看到了小雷手机里那些 QQ 微信信息，中间的对话非常暧昧，她就明白了，其实朋友所言非虚。

小友非常气愤，强烈质问小雷，可小雷却满不在乎地说："你怀孕了，我在外面有个女人这不是很正常的事情吗？"小友觉得丈夫简直是恬不知耻，就立刻甩手给了他一个耳光。可是小雷毫不知错，收拾了衣服，正大光明地去了那个女人那里。

两个人白手起家，也积攒了不少的积蓄，但大部分的钱都在小雷账户里，平时银行卡是由小友收着的。小雷离开家之后几天，小友发现自己的银行卡已经被注销了，原来小雷已经办理了挂失，一点都不顾及当初的情分，更不想小友现在是孕妇，还有一个女儿。再加上当时小友想去和小雷谈今后该怎样的时候，小雷表现出的毫不关心，甚至开着车扬长而去，抛下她一个孕妇留在原地……

小友寒心了，认为这段婚姻已经没有任何值得留恋的地方，于是就提出了离婚。男方要要房子，只给女方三十万，后期不再给孩子的抚养费。为了尽快离婚，虽然在财产方面吃了亏，但小友仍然同意了，带着两个孩子离开了家。

离婚之后，小雷才发现，那位女朋友只是把自己当成提款机，平时只知道花钱，根本就没有想要好好过日子。小雷幡然悔悟，想要复婚。可小友却认为现在小雷想要复婚，纯粹是因为自己生下的二胎是儿子……

🌸 丘比特问卷专家妙语

嘉宾周晓鹏：我想先问女方一个问题：七岁的女儿问你为什么爸爸妈妈不在一起过了，你怎么回答呢？女方回答说：我只会告诉女儿爸爸工作比较忙，而且妈妈爸爸感情方面出了一些问题，所以爸爸不和妈妈在一起住了。但他平时也会去学校里看望女儿，我是不会阻拦的。周晓鹏继续问男方：那你见到女儿的时候，女儿问爸爸你怎么不回家，你怎么回答？男方说：我总是逃避这个问题，不回答。周晓鹏说：那我可不可以这样理解，其实女儿并不知道你们已经离婚了？（男女双方都点头）从一个女性心理来看，我不去告诉我的孩子大人已经离婚了，第一种是不希望女儿知道，怕父母离婚这件事情对女儿有影响；第二，她可能对她的婚姻还有所期待。我有一个朋友，她所经历的事情和你一模一样，在她儿子很小的时候，她发现丈夫出轨了，就当机立断选择和丈夫离婚，一年之后她的前夫再次回来要求复婚，但是她没有立刻同意，而是给了彼此一段时间作为选择期，经过这段时间的观察，她发现自己的前夫真的改了，就和他复婚了，并且幸福到现在。所以，如果你认为前夫还是个有责任的男人的话，不妨用一段时间来考验，看看他是不是真的能再次承担起做父亲、做丈夫的责任来。

嘉宾马丁：我一直想不通一个问题，什么叫鬼迷心窍？一个好好的人怎么会被鬼迷了心窍呢？迷了以后就变得六亲不认，这个鬼究竟是那个女人，还是你自己呢？"鬼"一定是自己内心中的欲望，动物控制不住自己原始的欲望我们能够理解，但人控制不住自己的原始欲望，做出一些禽兽不如的事情就让我们很无语。反正我这个人对待这种事情心一般都比较冷，可以原谅你的无心之过，但你当初的冷血无情，现如今你想用一腔热血暖回来，对不起很难了。反过来女方，我知道你很难，一个人带两个孩子，如果不是因为有两个孩子，今天肯定也不会来这里。那你现在能迈出新的一步吗？女方表示没有想过。马丁继续说，不得不说，一个女人带着两个孩子，想要找到新的归宿很难，但是因为难我们就一定要接受过去吗？就一定要重新接受这个背信弃义的男人吗？我不这么认为！

爱情导师涂磊：我们听过一个成语叫抛弃妻子，抛妻是背叛，弃子是非人，所以我根本不相信什么鬼迷心窍。你可以说你被狐狸精迷了眼，但弃子才是我更在乎的一点。有些男人，他会抛妻，他可能暂时被一个女人迷住了眼，说我要寻找爱情，或者更直白一些，我就是喜新厌旧，但他不会弃子。弃子是人性的底线，你再来回顾一下：第一，他弃子的时间特别残忍，有一个大的，肚子里有一个小的；第二，他在短信里说的那些话太无情，房子你是别想了，不会给你的，但凡是有点良心的男人都会说，留给孩子吧。所以我们仔细分析一下这个问题，不是一个简单的认错就可以原谅的，有些女人可以原谅背叛，有些女人不能，但这些都不重要，最关键的还是弃子，因为是自己的亲生孩子，他竟然连两个孩子都不闻不问，和另一个女人在一起。女方你想想看，在你们离婚之后这一年的时间里，他不想你也不想想孩子吗？我认为这个人本性有问题，当一个人本性都有问题，我认为他没什么机会来弥补自己的过错。你可以原谅他的背叛，但你想想他弃子的那个过程，我认为他已经丧失了人性最基本的东西，所以你自己好好考虑一下吧。

❀ 黄金60秒

小雷：老婆，想想我们以前那些艰苦的日子，走到现在一起经历的那些挺不容易的，现在有两个小孩，毕竟血浓于水，请你再给我一次机会，让时间证明一切。

小友：你当初伤我伤害那么深，我也不知道该怎么样。

小雷：我一定让你感受到，我知道错了。

战争结果：女方选择离开，不肯轻易原谅男士的错误。

❀ 小编点评：浪子回头并非金不换。

在《爱情保卫战》的舞台上，有很多对已经离婚的夫妻想要复婚，但又害怕重蹈覆辙，所以来到这里想要听听爱情导师们的意见，而这一对原来的夫妻却是现实婚姻中的缩影：一方为了追求所谓的"爱情"抛弃了曾经一路扶持的原配，可真正离婚之后却发现所谓的"爱情"不过是一厢情愿的认知，这才想到了原配种种的好。

在这个时候，身边的人总会劝说一句"浪子回头金不换""知错能改善莫大焉"之类的话，又或者说什么"要给孩子一个完整的家"。可我们真的就能轻而易举地忘记曾经的伤害，隐忍下来，当什么都没有发生吗？

因为出轨而导致离婚，这不是个别现象，但如果我们仔细分析就不难发现，一般也会分为三种情况：有的人会因为自己出轨而心怀内疚，在经济方面尽量给对方弥补，也尽力做到好聚好散，即便是离婚后也会继续承担起自己在孩子面前的责任；有的人虽然知道出轨是错，但是在经济方面并不愿让自己承担过多的损失，可是在面对子女的时候，他们仍然会承担属于自己的责任；而有的人就如同案例当中的男方一样，在财产方面也不愿意放手，在子女面前更不愿意承担责任。

第一种能够被原谅，因为出轨者内心有是非观，并且是真诚的；第二种可以考虑去原谅，因为他还知道自己肩膀上的责任；可是第三种，轻易的原谅就等于给了他第二次背叛自己的机会。

人们常说，出轨是会成瘾的，其实并不是每个人都会如此，而是取决于他对"出轨"的态度，以及被原谅时所付出的代价。其实案例当中的小友也是犹豫的，否则她可以断然拒绝，既然来到这个舞台，就说明她内心对此有过动摇。她和绝大多数遭遇了背叛的人一样，面对曾经伴侣的苦苦哀求，会心软、会难过，也会想是否为了孩子将就自己的下半辈子。可是如果轻言了原谅，又怎么对得起自己曾经受过的伤害呢？

太过容易原谅一个人，只会让他觉得这个错误并不算严重，所以在下一次遇到同样的诱惑的时候，仍然会无法抵抗，这才造成了"出轨会成瘾"的恶性循环。在场的几位嘉宾虽然每个人对是否复合的观点并不相同，但是他们都在

爱情保卫战
捍卫你的婚姻

传达同一个意思：有些错误，绝对不能轻言原谅。

面对出轨者的苦苦求饶，极力挽留，我们究竟该不该再给一次机会，其实这是一道无解的难题，因为无论如何选择，要承担这个后果的只有自己而已。幸运的话，有可能真的退一步海阔天空，换来了浪子回头；不幸的话，等于是自己给了对方再次伤害自己的机会。

所以，遇到这样的情况，正如嘉宾周晓鹏所言，不应该听他说了什么，而是应该看他做了什么，给自己一个情感上的缓冲期。如果对方有所改变，自己也能放下心结，还有继续下去的可能，缺少其中任何一个条件，双方都不合适再在一起。

❀爱情感悟：如果爱，请深爱，如不爱，请放开。

何为婚姻的基石，一方面是情感基础，一方面是物质基础；如果再细分的话，情感基础也分为忠诚、信任等，但是忠诚绝对是婚姻的基石中非常重要的一点。没有忠诚，那么婚姻也将不复存在。

但是婚姻中充斥着太多的柴米油盐类的琐碎事务，多么深厚的爱情都会变得平淡，多么恩爱的夫妻也会发生争吵。而人总是需要新鲜感的，在这时候，外面的一切都会成为诱惑，尤其是那个人身上具备很多伴侣不曾拥有的性格、品质。

毫无疑问，出轨也好、背叛也罢，都是对婚姻本身、对家庭极端不负责任的行为。我们应该如何防范伴侣出轨？如果真的发现了这种情况，又该怎样去面对呢？

首先，婚姻是需要经营的，无论两个人结婚了多少年，都不应该忘记给婚姻注入新鲜感，不要让原本深厚的感情被现实所磨灭。生活本身就是日复一日的重复，柴米油盐的琐碎、孩子教育的烦恼、双方老人的健康……夫妻之间除了要共同面对这些问题以外，同样要注重培养两个人的感情：比如抽空去过一天二人世界，感受一下恋爱时期的甜蜜；比如相互交换一下彼此的角色，让丈夫感受一下妻子精打细算理财的烦恼，让妻子感受一下丈夫加班赚钱的艰辛；再比如共同看一场浪漫的爱情电影，学着电影里的情话说给对方听……

其次，夫妻二人应该学会坦诚，坦诚地说出自己内心的不满和期待，让对方足够重视。有些人出轨并不是因为贪图一时新鲜，而是因为家庭太憋屈，没有温暖可言，所以在外面稍微遇到一个温柔以待的人，就会奋不顾身，坚信这才是真爱。如果能在此之前就能够认清自己身上的不足，加以改正，借此来让两个人的感情更加深厚，从而稳固婚姻本身。

而这些经营婚姻本身的方法如果还不能够避免遭遇背叛的处境，那么在面对伴侣出轨的时候，伤心难过之余还要保留理智。

一方面是要理智梳理自己的情绪，调整自己的心态。遭遇背叛的确是让人伤心难过的事情，但世界并非会因此而毁掉，也绝不是世界末日，所以不要在这个时候做出什么极端的事情。这绝非危言耸听，在社会新闻中总能看到这样的案例：女方结婚之后，相夫教子，但是人到中年，遭遇了丈夫的背叛，要么想不开想要带着孩子轻生，要么就是满腔怒火对第三者做出违法的事情。所以，一定要在第一时间控制住自己的情绪。

其次，就是理智地分析现在的情况：伴侣是否有悔改之心，是否愿意回归家庭；还是说，伴侣铁了心就要选择离婚？如果是第一种，至少还掌握主动权，那就不要轻易说原谅，而是要看待他如何改正；如果是第二种，那就更需要理智，至少要保证自己的权益不受侵害，以及孩子归属权的问题等。

被出轨，的确是人生中的重大打击，但作为一个成年人，我们不仅要拥有处理婚姻问题的能力，更要具备处理离婚时更为复杂问题的能力。不要过分沉溺在悲伤情绪之中，而是要将目光放长远，与其抱着死都不离婚的想法，倒不如彻底放过自己，给自己迎接新幸福的机会。

第四章

和长辈相处是门学问

第一节　让自己成为家长和伴侣的润滑油

每一个人在结婚之前，都有自己的原生家庭，都是家长的宝贝，女孩在家里都是小公主，男孩都是小少爷。但是结婚之后，每个人都要从原生家庭走出来，结合成一个新的小家庭，但同时也需要融入对方的原生家庭。

每个人都有自己的生活习惯，有自己对事物的具体看法，我们不能要求对方完全按照自己的想法去生活，更何况对方还是自己的长辈。可有些事情，不是委屈了自己，就是得罪了长辈，相信有很多年轻人对此都深有体会。

如何才能真正融入对方的原生家庭呢？其实最主要的并不是我们做了什么，或者是长辈们做了什么，更关键的是自己的伴侣做了什么、说了什么。如果没有他，那自己和他的原生家庭不过是陌生人，所以作为纽带的他，更应该起到"润滑剂"的作用——帮助伴侣融入自己的原生家庭，帮助父母接纳自己的伴侣。

但是很多人并不懂得这个道理，反而让伴侣和父母正面产生矛盾，或者因为懦弱直接采取逃避的方法。有很多婚姻也因此亮起了红灯。

你为什么从来不站在我的角度考虑事情？（节目日期：2015 年 10 月 22 日）

主人公：小张（男，31 岁，来自湖南，个体户）& 小陈（女，29 岁，来自湖南，无业）

保卫战主题：女方和婆婆关系不好导致离婚，现在女方带着孩子很辛苦，想要破镜重圆。

　　小张和小陈是在朋友聚会的时候相识的，最初两个人非常聊得来，恋情的进展也很快，相识半年的时候他们就结婚了。因为相识时间比较短，相互之间的磨合也不够好，所以两个人婚后发生了很多争吵，有很多事情都是一些生活习惯的琐碎小事，可因为婆婆总是掺和，让小陈觉得自己受了很多委屈。

　　在最开始交往的时候，小张说自己在婚后能够提供婚房，可没想到结婚之后，是一大家子住在一起，包括公婆、小张小陈夫妻，还有小张的亲侄子。因为小张一家人对他的侄子都很溺爱，导致这个小孩没有太多规范的行为，小陈嫁过来之后，小孩子总是随意拿小陈的化妆品、首饰和衣物当成玩具。每一次小陈想要教育他时，婆婆都说你怎么跟小孩子计较呢？后来，她实在忍不住了，就在侄子又过来拿化妆品的时候伸手打了小孩子的手，可小张全家都非常生气地指责她，认为她脾气不好，也没有资格管教侄子。

　　有一天，小陈又因为一件小事和小张发生了争执，婆婆就直接冲进房间，不问缘由就指责小陈，说她不懂事。长期压抑的情绪让小陈彻底爆发了，她开始和婆婆诉说自己嫁过来之后遭遇的种种，因为压抑得太久，所以声音也克制不住得大了起来。小张听到媳妇这样和妈妈说话，也非常生气，就从衣柜里拿出小陈的衣服，扔到了门外让她滚。气愤的小陈拿起衣服就离开了。

　　等第二天，小陈回家时发现房子的门锁已经换了。她站在门口的时候就想，这个日子过不下去了，离婚！小张听到后就解释说，不是故意换门锁的，只是张妈妈出门买菜的时候忘了带钥匙，所以才叫来物业人员撬开换了锁芯。小陈根本就不相信，坚持认为就是他们家想要把自己轰走，那就离婚。

离婚之后两个月，小陈身体非常不适，到医院检查之后才发现自己已经怀孕五个月了。因为一直也没有什么反应，再加上自己的生理周期不准，所以她完全不知道。最初她想打掉胎儿，但因为孩子已经五个月了，已经有了心跳，又非常不舍得，就选择生下小孩。

小陈父母反复劝导她，即便两个大人离婚了，但小张毕竟是孩子的父亲，他有权知道。在父母的劝说下，她给小张打了电话，告诉他怀孕的事情。

得知前妻怀孕了，小张也非常高兴，连忙把她又接了回来，希望能够好好照顾她的孕期，小陈也以为，没准这一次看在孩子的份上，她和小张全家的关系能够有所好转。但没想到的是，她回家之后，小张的父母把她当作空气，就连洗衣服的时候都单独将她的衣服挑出来放在一旁，只洗其他人的衣服。而且，小张也没有做到最初说的，要好好照顾她们母子，所以小陈再次回到了娘家。

几个月过后，小陈感到腹痛，她的父母连忙把她送到了医院，并且打电话通知了小张。那时候小张正好在上班，他没有立刻赶过去，而是等到下班之后才去了医院，而那个时候小陈已经生下了儿子。陈妈妈觉得小张太过分了，竟然连生孩子这种事情都能拖着不来，就非常生气地把小张赶走了，不让他见到自己的女儿和外孙。后来，小陈坐月子、孩子满月，小张说自己都去看望过，但小陈表示一次都没有来过。

眼看着孩子逐渐长大，平时小陈只能是在父母的帮助下照顾小孩，可其中的艰辛只有她自己知道。看着孩子的脸庞，小陈觉得自己一个人抚养小孩的确是一种不小的压力，再加上也希望孩子在健康完整的家庭里长大，于是提出了想要复婚。另一方面，小张虽然也很想复婚，但是他也担心如果复婚之后，妻子和自己的母亲还是像以前那样争吵不断，她还不知道改改自己的脾气，那这段婚姻也无法继续维持下去。如果想要复婚，必须满足以下三个条件：第一，不能当着我妈的面和我争吵；第二，不能再无缘无故地发脾气；第三，我妈干活的时候你得帮忙……

🌸 丘比特问卷专家妙语

嘉宾马丁：我很能理解女方，当你们在还没有什么爱情基础的情况下，让你到一个陌生的家庭去伺候公婆，还要面对一个哥哥嫂子留下的留守儿童，这基本上没有哪个女人能搞得定，再加上当时还不知道自己已经怀孕了。女人一旦怀孕，激素水平迅速变化，为什么她会闹脾气？为什么她会不高兴？因为她不舒服，和平时的状态不一样，包括男方说在生完孩子之后，女方不愿意接你电话都很正常，产后多多少少都会有些抑郁。这个时候你除了多点包容和呵护，你还能做点什么呢？但是男方你不懂这些，你就认为她不讲理，多可笑的一件事情。你错过了你人生当中最美妙的一段时光，陪着妻子，看着她肚子一天天变大，听着孩子分娩后的第一声哭泣，那是作为爸爸最幸福的时刻。就因为你自己的坏脾气，就因为你的不懂事，就因为你和自己老婆怄气，你没有看到孩子从出生到半岁，你甚至没有给他换过尿布，你的人生不完整，你本来可以拥有这一切。你要记住，你现在已经是个父亲了，你什么责任都不负，还好意思在这里提条件？整个过程中，我觉得女方没有太多问题，她就是不会；你母亲也没有太多问题，她能有多苛刻？最主要的问题出在你身上。如果你觉得你和女方已经没有感情了，那就该给抚养费给抚养费，并且担负起一个父亲的责任，但是我建议你自己先调整一下。

嘉宾寇乃馨：婚姻这回事，并不是在网上购物，用了不合适就能够换一件那样轻松的事，如果这个不合适就换，那你们人生要换几次？男方总是说，我们各退一步好好过吧，但是作为婚姻过来人说句实话，婚姻从来都是不好过的。

因为有柴米油盐酱醋茶，因为两个成长不同的人要生活在一起，一定会有很多的碰撞，很多的磨合，很多的不快乐，也会遇到小孩的问题、教育的问题、婆媳的问题、家庭经济的问题、我们美好未来不能实现的问题……所以我们常说婚姻需要有浓厚的爱情做基础和后盾，才能让我们在很多不好过的时候可以去消耗、磨损而不会分开。我不知道你们两个人对婚姻的定义是什么，但婚姻绝对不是给孩子一个完整的家这么简单而已。我要告诉女方，对一个孩子来说，最重要的事情不是有一个完整的家，而是要先给他一个快乐的母亲，如果你回到那段婚姻却不快乐，孩子是最受影响的。你想想看，一个快乐的单身妈妈，和一对在他面前整天争吵的父母，哪一个让他更害怕？所以不要把什么事情都算在孩子身上，婚姻是你们两个成年人需要面对的问题，请你们做出对自己负责任的决定。

爱情导师涂磊：你们两个人闪婚、闪离、闪生，我真不希望你们闪复。如果你们想复婚，首先要知道你们在闪婚、闪离、闪生之中的错误是什么；如果你们想复婚，首先要面对当下的责任是什么。你们现在具不具备在一起生活的感情基础，或者是物质基础，这些都不重要，重要的是你们现在的责任，是一个半岁孩子的父亲和母亲。可你们现在根本就没有已经做了父母的意识，你瞧瞧你们刚才都说复婚，但你们眼下的责任和以前的问题都没有解决，谈什么复婚呢？女方如果不是熬不下去了，因为单亲妈妈的压力太痛苦了，你会到这里来吗？你多半是不会的！而男方说得最多的是如果想复婚你得改变性格，而没有想过他作为一个父亲面对的责任是什么。你们两个人没有资格谈复婚，先谈谈两个人怎么共同把孩子养好，在抚养孩子的过程中如果彼此还有感情，你们可以选择复婚；如果相处之后发现以前的闪婚、闪离都是错误的，我们根本就不适合在一起，但错误已经铸成，那就共同把孩子抚养好。

小张：在你走的这段时间里，我确实很想你，也很想宝宝。我觉得我们在一起也没有感情上的不合，主要就是因为家里的琐事，我们一人退一步，我也会好好照顾你和宝宝。不管是为了孩子，还是为了我们自己，我想和你一起走下去，希望你回来。其实我每天晚上看了那些育婴书，我知道你受了很多委屈……

小陈提了个条件，要求必须有属于他们三口之家的房子，无论大小，男方同意。

战争结果：男方知道自己的错误，再一次向女方求婚。

✿ 小编点评：婆媳问题的背后，多半是男人的问题。

在中国的家庭里，婆媳问题是重中之重，有很多对夫妻都曾因为这个问题而产生过离婚的念头，也有很多对原本相爱的夫妻因为这个不属于婚姻本身的问题而导致分开。小张和小陈的情况只是其中一个案例。

虽然现如今很多人都希望在婚后能够拥有独立的空间，但仍然有很多夫妻只能选择和公婆一起居住，或者是因为经济方面的原因，或者是传统思维的禁锢，又或者是因为老人需要照顾。这就等同于媳妇必须迅速融合到新的家庭中，适应他们的生活习惯，而在这个过程中，很容易产生一些矛盾。

聪明的丈夫能够帮助妻子尽快融入自己的家庭，做好母亲和妻子之间的"润滑剂"。可有很多丈夫在结婚之后，因为仍然和父母同住，他们没有做好角色转换的准备，就如同案例当中的小张一样。小两口刚刚结婚，小张所面对的生活几乎没有什么改变，可是对妻子小陈而言，她要面临的情况就复杂很多。

首先就是生活习惯上的磨合，两个人结婚后原本应该相互包容，但是因为婆婆在场的关系，小张自然无所谓，可小陈面临的就是要把自己养成的生活习惯慢慢改掉；其次就是要面临复杂的家庭成员，如果说只和公婆住在一起，很多事情忍一忍也就过去了，可小陈不仅要面对公婆，还要面对小张的侄子，小孩子都会有调皮的时候，可小陈稍作管教就被婆婆视为眼中钉，这还如何相处呢？再次，就是全然没有自己的空间，小两口有争吵是再正常不过的事情，可婆婆护短的心态让小陈无法忍受。

很多媳妇都将这些矛盾的源头对准婆婆，认为是婆婆从中作梗，才让这段婚姻充满了矛盾，甚至土崩瓦解，但实际上真正的源头却是两个女人中间夹着的男人——也就是自己的丈夫，婆婆的儿子。

小陈最初并没有领会到这一点，所以她把矛头指向了婆婆，直到自己离婚生子之后，才发现其实一直以来都是丈夫的问题。如果他能够承担起责任，就不会在她怀孕期间不闻不问，甚至在生子这种关键时刻都能找出理由不去医院；如果他把自己和孩子放在心上，就不会在孩子出生之后没有多久，因为一些小事对她和孩子置之不理；如果他能够懂得反省，就不会在小陈需要他的时候，仍然拿着母亲说事儿，让小陈臣服。

小张和小陈的婚姻，最大的问题绝不是婆媳问题，而是丈夫的不作为。小张心里非常清楚母亲和妻子之间的矛盾其实都不是什么大问题，但是他没有办法站在其中任何一方，就选择逃避。逃避替妻子向母亲说明她教育侄子的一番苦心；逃避在婆婆指责妻子、偏袒自己的时候，为妻子挺身而出，向母亲说明缘由；甚至在妻子离家之后，也逃避去娘家接她回来，任由母亲换了锁……

正如嘉宾们所言，他们两个人现在根本就不具备复婚的条件，小张并没有认识到这段婚姻究竟是因为什么而瓦解，所以才会提出那几点让小陈无法接受的条件。做一个丈夫，并不只是仪式上的结合，更重要的是在自己的内心里转变角色，从今以后，他不再只是母亲的好儿子，也是一个女人后半生的依靠。

我该如何面对婆婆的偏心和丈夫的冷漠？ （节目日期：2016年1月7日）

主人公：小颜（男，31岁，来自湖南，保险）＆小珍（女，28岁，来自湖南，化妆师）

保卫战主题：女方嫁到男方家里之后遇到了很多不公，可丈夫却不理解，她不想在这样过下去了。

　　小颜和小珍是一对结婚多年的夫妻，并且育有两个宝宝。原本小珍和婆婆之间的关系还算融洽，可是这种平衡随着小颜弟弟结婚而打破。

　　小珍嫁过来的时候，婆家秉承着节俭的宗旨，无论是彩礼还是规格，都是非常简单，甚至在小珍眼里是寒酸的。可是弟媳嫁过来的时候，婆婆破天荒地掏出七万彩礼，并且给弟弟、弟媳举办了非常隆重的婚礼。小珍心里有些委屈，便对丈夫抱怨。可小颜却说，弟媳家里有钱，人家给的嫁妆多，自然彩礼就多。在小珍听来，这就是婆婆在嫌弃自己家穷的意思。

　　除了结婚规格之外，就连日常生活中，婆婆的态度也是天壤之别。小颜夫妻和公婆合住在一起，而弟弟弟媳两口子在外面居住。每天小珍回到家都要帮着公婆张罗饭菜、收拾家务、照顾小孩，而弟媳偶尔回家一次，婆婆从来都不让她进厨房做事，更不用说做家务了。有一年过春节，婆婆和小珍都忙碌着饭菜，弟媳也想进来帮忙，婆婆却说，不用她，省得弄一身油烟味儿，有嫂子在这里就行了。说者无心听者有意，小珍就认为在婆婆眼里，弟媳是大小姐，而自己只是小丫鬟。

更让小珍心里不平衡的是，自己受委屈也就算了，就连自己的两个孩子，和弟媳的孩子相比，也是被人忽视的。小珍生完二宝之后，婆婆从来没有帮衬过她带孩子，她只好拖着虚弱的身体照顾二宝，还要洗衣服、做饭。可是弟媳生完小孩之后，婆婆立刻就去照顾弟媳，甚至还给孩子买了很多东西，可这种待遇，自己的小孩从来没有享受过。但小珍也直言，弟媳没有过门之前，婆婆对自己也很好。

可是这一切在小颜眼里都是小事，而且更直言因为弟媳家境好，母亲这样做也是有原因的。后来，小珍无法再忍受这样的不公平待遇，果断向丈夫直言，没想到丈夫不以为然，而且整日推说自己应酬多、工作忙，每天都是三更半夜才回家，还时常喝得醉醺醺的。甚至，小珍在他的衣服口袋里发现了一枚来自异性朋友送的戒指，还接到了异性打电话来说她是"母老虎"，她再也忍无可忍，坚决提出离婚……

🌸 丘比特问卷专家妙语

嘉宾周晓鹏：男方，刚才我在观察，当女方说接到女人电话说出那句"你就是那只母老虎"的时候，观众们在笑，而你也在笑，我就在想这个男人根本就不尊重自己的老婆。因为对于母老虎这三个字，如果是夫妻之间的调侃，会觉得很有甜蜜感。但是当一个外人这样直言不讳地说"你就是那只母老虎"的时候，我完全能够理解你妻子的愤怒和不满，她不尊重你的妻子，那也可以理解为你在外面也不尊重你的妻子。你爱这个家，但你所做的并不是在为了这个家庭好。你可能能够做好一个男性职员，但你没有办法做好一个好父亲、好丈夫。同样要对女方说，当你的弟媳进入你们这个大家庭的时候，你认为婆婆的爱被分享出去了，但事实上就是应该分享的，因为婆婆有两个孩子。不可否认的是，你的第一个孩子是由婆婆带大的，如果说她连第一个孩子都没有替你照顾，我们有可能说她太偏心了，但事实不是这样的。你们两个人最大的问题就是总是逃避，并不懂得积极面对，幸福的夫妻在出现问题的时候都会共同面对、坦诚沟通，所以好好谈一谈，不要轻言放弃。

嘉宾瞿玮：我在假想如果一切都反过来，现在就不会发生这种状况。生了孩子之后，如果是你们小两口一直在带，体会到了抚养小孩的艰辛，这时候婆婆再伸出援助之手，相信妻子会非常感激的。可现实却是，丈夫在这个关键时刻却并没有出现，所以女方把一切问题都归结到了婆婆身上，这个是女方身上的问题。而男方，你嘴上说对美好婚姻的憧憬是"一儿一女、一夫一妻"，可是你所做的事情是真的在维系这个家庭吗？虽然女方没有收入，但是她对这个家庭的付出远远超过你。家里的矛盾其实并不是原则性问题，都很好解决，关键就是你们两个人有没有爱了。

爱情导师涂磊：男人口口声声说自己在外面累死累活都是为了这个家，但同时也在外面风流快活。女人说婆婆在自己和弟媳之间一碗水没有端平，但你不想想你是否为自己的婆婆端茶倒水过。男人没有责任，女人不懂感恩，你们就是两个字——闲的。试想一下，如果男人真的在外面累死累活为了这个家，他得多么思念妻儿，除了给钱之外，还会和妻子分享自己在工作当中的苦闷和快乐，如果他做不到那就不是累死累活，而是去风流快活了。如果他真的每天和妻子谈心，便会宽慰妻子在家里受到的不公平待遇，那女方也就不会满腹牢骚，所以只能说你根本就没有做到一个丈夫的责任。一个女人如果懂得感恩，就不会整天抱怨，而是会为婆婆端茶送水，因为在最艰难的时候，是婆婆给自己带大了第一个孩子。女方总是说想和弟媳拥有同样的地位，可你自己也有两个孩子，你扪心自问，在将来你能够做到完全平等地付出而没有一点偏狭吗？不可能！你只看见了婆婆对弟媳比对你好，却没有看到弟媳对待婆婆是不是比你要好？所以我们只能做自己，当然这个时候你的丈夫没有尽到责任，所以你才会有如此大的怨言。不管今天你们和好与否，都应该在未来独立带两个孩子，体会一下各种艰辛，再考虑是否离婚。

✿ 黄金60秒

小颜：老婆，我记得我第一次见到你的时候就特别喜欢你的眼睛，特别清澈、特别善良，我不想因为这点小事就和你分开。今天来到这里我学到了很多东西，我会好好珍惜，老婆，我爱你。

小珍：其实我看你第一眼的时候就很喜欢你了，不然也不会这么短的时间嫁给你。但这段时间你对我很不关心，所以我要想一想。

战争结果：男方知道自己的错误，再一次向女方求婚。

✿ 小编点评：媳妇不满的并非婆媳关系，而是丈夫的态度。

从表面上看来，小珍不满的是婆婆对两个儿媳妇的不同对待，但压倒她内心的最后一根稻草的是丈夫对自己的态度。

最初，面对婆婆的偏心，她和老公抱怨也好、控诉也罢，其实心里也并没有希望他能够有什么办法来改变现状，更不是想让丈夫替自己出头，只是想让丈夫知道自己受到的所有委屈。

一方面，家里的种种委屈已经让她感到压抑：丈夫不在身边时，她只能独自面对公婆、照顾小孩，她不知道还有什么方式能够排遣她心里的负面情绪，只能择机向丈夫倾诉。

另一方面，丈夫敷衍的态度让她感到寒心：小颜总是对她说自己都是为了这个家好，可是实际上小珍并不傻，她是能够感受到丈夫从最开始的关心到后来的敷衍，所以她也希望用这种方式来引起丈夫的重视。

可是，小颜并没有理解小珍的苦心，他反而斥责小珍无理取闹。在这种情况下，他首先想到的不是调节婆媳之间的矛盾，而是选择埋怨妻子，其实并不是他心里不清楚，只是不愿意去解决。正如嘉宾所言，在遇到问题的时候，他首先想到的就是逃避，能拖一天是一天，所以矛盾才会演变成现在这样不可收拾的局面。

诚然，在每一段婆媳紧张关系当中，作为两个女人中间的纽带——婆婆的儿子、媳妇的丈夫——男人是非常重要的，他如果能够做到两边安抚，在关键时刻站出来协调矛盾。无论是哪一方的错误，只有他这个身份指出来才不会觉得尴尬，母亲不会和自己的孩子去计较，妻子也不会和丈夫较真。可如果是婆媳之间直接冲突，即便是短期内矛盾解决了，可是也会留下心结。

像小珍和婆婆之间的矛盾，其实并非是实质上的原则矛盾，可是这却是长年累月的问题。每次弟媳出现的时候，都会让她心里的不满更增加一分，可小颜并没有将这种心结看作是一种婚内矛盾，也没有及时疏导她的心结。

尽管这对夫妻的主要矛盾还有其他方面，但是在婆媳方面的矛盾中却也是很典型的，如果不能解开这个心结，无论他们选择离婚，还是继续在一起，这个心结始终存在，并成为婚姻内的隐形炸弹，不知道什么时候就会爆发。

❀ 爱情感悟：婆媳之间，更应该保持个人空间。

在中国的婚姻中，仍然有很多婆媳是居住在同一个屋檐下，尽管说分开生活是解决婆媳矛盾最佳方法，可有很多现实方面的因素制约着，不可能轻轻松松就这样解决。遇到这样的情况，应该如何解决婆媳之间的矛盾呢？

涂磊曾经说过这样一句话："婆媳之间的相处之道：视如己出的关爱，相敬如宾的对待。视如己出的关爱所指的是将心比心，自己的妈是妈，别人的妈也是妈；自己的女儿是女儿，别人的女儿也是女儿。相敬如宾的对待所指的是，儿媳妇再亲毕竟不是家里人，不可能像跟自己的亲生女儿一样那么的亲密。"其实这段话的潜台词就是，婆婆和媳妇之间，应该保持一定的距离，学会换位思考，无论是婆婆，还是媳妇，都应如此。

婆婆，是长辈，是大家庭的女主人。无论是经济原因，还是传统思想，只要婆媳同住，媳妇应该感谢婆婆给自己的生活提供了条件，比如居住地，比如可口的饭菜等；媳妇，是晚辈，是小家庭的女主人。对于这段婚姻而言，有很多事情应该是由他们两个人做主，比如夫妻之间的感情如何沟通，比如何时要下一代，再比如如何教育下一代等问题。

而婆婆的儿子、媳妇的丈夫就是在中间协调两个女人之间矛盾的最佳人选。两个女人都是他至亲至爱的人，会做人的丈夫两头瞒，不会做人的丈夫两头传。如果这个男人在这个家庭中毫无承担，甚至在出了问题之后只会躲避，或者一味地让其中一方忍让，这绝非是解决矛盾的方法，而是在火上浇油。所以，婆媳共同居住并不可怕，只要丈夫在中间能够起到润滑作用，能够主动去协调，家庭自然就会和谐相处。

第二节　长辈不应该过分干涉

和公婆合住在一起，有些家务事婆媳之间需要磨合和包容，这是在所难免的。有些人会想，反正以后我也不和公婆住在一起，是否就可以完全避免因为家务事产生婆媳矛盾呢？当然没有想象中那样简单。

婚姻是两个家族的结合，有些矛盾并不仅仅是因为住在一起才能产生，而不住在一起就一定没有矛盾。婆媳之间最最重要的一点，就是要摆正自己的角色定位。

每一段婚姻在最开始的时候，婆婆都希望儿媳妇能够懂事，能够成为自家人；媳妇也希望和丈夫一起孝顺公婆，经营好自己的婚姻。可如果拿捏不好婆媳之间的度，就会形成矛盾，归根结底，就是双方没有将自己的角色定位好。

婆婆，如果总是干涉小两口的婚姻生活，无论对错都拿出自己是长辈的架势，只要对方不满足自己就是他们"不孝"；媳妇，如果总是让婆婆对自己的小家庭付出，无论是金钱还是精力，只要对方不同意那就是婆婆看不惯自己。长此以往，怎么可能没有矛盾呢？

请不要打着为我好的名义伤害我（节目日期：2015 年 6 月 3 日）

主人公：阿峰（男，32 岁，来自湖南，职员）& 小燕（女，30 岁，来自湖南，销售经理）

保卫战主题：因为男方家暴导致离婚，现在男方提出复婚，但女方不同意。

阿峰和小燕结婚的时候，两个人共同掏了首付，但在房产证上因为婆婆的强烈要求，必须写阿峰和她的名字，单纯的小燕并没有提出反对意见。不仅如此，就连婚房的装修风格也都必须由婆婆说了算，如果不遵从她的意愿她就非常不开心。

结婚之后，婆婆总是说"我是为了你们好"，坚决要走了阿峰的工资卡，家里所有的开销都是由小燕靠自己的工资来支撑。有一次，小燕的父亲生病住院了，她急需三万元钱，但自己平日的工资都拿来做家用，手里根本就没有这么多，于是就找到婆婆，希望她能从阿峰的工资卡里取出三万，但婆婆却说这个钱既然是要拿给小燕父亲看病用的，可以借给她。非常着急的小燕没有多说什么，连忙拿着钱直奔医院。没过多久，婆婆就找她说，阿峰的姐姐也出了点事情，也需要用钱，希望小燕尽快把三万元还给他们。小燕听了非常生气，就从母亲那里拿来钱还给了婆婆，但这件事之后，小燕和婆婆之间的关系非常冷漠。

平日里，婆婆除了管着阿峰的工资卡，就连小燕的开销她也要管。小燕平日工作非常努力，所以有时候公司也会给优秀员工发一些奖金。那一次，小燕想着马上要换季了，又发奖金了，就买了几件衣服犒劳自己。但她知道每次自己买点东西婆婆都要说三道四，所以就把新衣服藏在了衣柜比较深的地方，结果还是被婆婆发现了。婆婆喜欢不打招呼就来到他们的婚房里，嘴上说是帮助小两口做做家务，但每一次来都会随意翻看小燕的东西，当她看到小燕又新买

爱情保卫战
捍卫你的婚姻

了衣服，就拿出来放在沙发上，等小燕下班回家，她就坐在沙发上数落着小燕，说这些衣服有多贵啊，你怎么不知道节俭呢？小燕对此有很多抱怨，但阿峰却觉得这些都不是事儿，让媳妇多多忍让一下。

后来，小燕和婆婆之间又因为一件琐事发生了争执，阿峰觉得老婆总是和自己的母亲吵架，冲动之下就推了小燕一下。小燕觉得这样的生活真的过不下去了，坚决提出离婚，并且要求要两个女儿的抚养权。

离婚之后，小燕对这个家庭已经没有任何希望，甚至都没有再找阿峰要过孩子的抚养费。而阿峰一家人既没有给过抚养费，就连当初两个人共同掏首付的房子，以及婚姻期间内的工资卡也都没有分给小燕。现在，阿峰一家又提出想要复婚，可小燕坚决不愿意再回到过去……

❀丘比特问卷专家妙语

心理专家于际敬：一般如果说家庭当中父母比较强势的话，孩子就可能比较懦弱，话说回来，男方你已经成家了，妈妈有些东西管太多就会出力不讨好。婆媳关系中的罪魁祸首就是夹在中间的这个男人，不会做的儿子两头传，会做的儿子两头瞒。说到这里再泛化一点，很多家庭婚姻当中的问题，其实有很多时候不仅仅是两个人的关系发生了问题，很多都是家长干预得太多了，到最后就是出力不讨好。既然这个问题已经出了，妈妈今天也在这里表了态，那就想想今后你要做出什么改变，具体的行为和计划是什么，如果今天只是说了几句不疼不痒的话，回去之后还是延续原来的相处模式，那复不复婚都没有任何意义。同样，女方你也需要做出一些调整，对于长辈应有的尊重还是要有的。

嘉宾瞿玮：想一想妈妈为什么要把持着这张工资卡，又为什么总是到你们家，其实就是不放心，甭管男方你多大，即便是十年之后，在妈妈眼里你还是个孩子，她觉得可能你不会用钱、不会理财、不会操持家对不对，那就更要证明给妈妈看。女方呢，嘴巴要甜一甜，你们的事情大家一目了然，婆婆对你做得有些过分，但同样你也不是毫无问题，就刚才在舞台上你的表现缺少了一些对老人家的尊重，有些话不一定要打断她去说，你要记住婆媳之间不能当面的冲撞，一定要做好儿媳妇的角色。男方呢，既要做好儿子，也要做好丈夫，这是生活的技巧，慢慢体会吧。

爱情导师涂磊：我们说爱屋及乌，这是一件很难做到的事情，如果你爱他，那就爱他的一切，爱他的家人，如果你做不到因为爱他而去爱他的家人，你也不能爱屋防乌、爱屋恨乌。如果你们今天没有离婚，只是因为情感问题做调解，男方刚才所说可以理解母亲的一切行为我也是认同的。比如说把你的工资卡交给你母亲，让你的妻子来养你，其原因是怕她乱花钱，反正你们也是夫妻，肉烂在锅里，如果你们没有离婚我是可以理解的；比如说把婚房写你和你母亲的名字，反正你们也没有离婚，都是两个人一起住着，没有问题。但问题是你们是离了婚的，女方只带走了两个孩子，财产方面什么都没要，所以当初你的那些对于母亲的理解在我看来就不再是理解，而是防贼，事实上你做的事情很差劲，你和你的母亲两个人都极为差劲，你们什么都没有给，什么都没有分，女方把两个孩子带走了，赵川问你你给了抚养费了吗？你竟然理直气壮地说她没要啊！她没要你就可以不给，似乎证明你和母亲的策略真的是正确的，防微杜渐啊，你们两个多聪明啊！你看，我现在什么便宜都落着了，我什么都不用管，孩子也不用我看，我房子也不用分给她，甚至连抚养费都不掏，过去能存下那么多存款是因为家里的一切都是她在付出，你看，我们一毛不拔！现在想想阴险不阴险？虽然当时你可能不想要这样最终的结果，但现在看来很可悲啊。男人，人家和你结婚在一起这么长时间，还用自己的工资养活着你，还带走了两个孩子，什么都没带走，可悲吗？你什么都没有付出，这是道德品质问题，我在下面都听不下去了。我承认，她脾气确实不好，但在这段婚姻当中，她已经妥协了很多，人家结个婚房子装修成你们想要的样子，日常过日子用的是人家的工资，你的钱一毛不拔全都存起来，房子写你和你妈的名字人家也没有说什么，离婚的时候带走了两个孩子一分钱也没要，你男人的骨气到哪里去了？就是你做得很过分你知道吗？人家不要你就不给吗？你心里没有孩子吗？你哪怕是隔三岔五地给两个孩子送点钱呢？你都干了什么？说句实在话，我认为不管你们复婚与否，你们母子俩应该向人家道歉，并且分了钱、分了房再考虑复婚的事儿！

✿黄金60秒

　　阿峰：亲爱的我知道错了，在茫茫人海中认识你就是缘分，但这个缘分我没有把握住，希望你能再给我一个机会。在以后的日子里我会好好珍惜。

　　小燕：你以后一定会为我着想吗？

　　阿峰：一定会，我以后想什么问题都会为你想，你放心吧。

　　小燕：说的都是真的吗？

　　阿峰：是真的！给我一次机会吧。

战争结果：女方愿意给男方一个机会，并且让男方一定要说到做到。

✿小编点评：不是所有的"我为了你好"就真的是"好"。

　　在中国的家长的口中，出现最多的一句话大概就是要算"我都是为了你好"了，尤其是母亲，比如曾经网上红极一时的"你妈喊你穿秋裤"就是这样一种关心。可实际上，这句"我都是为了你好"并不仅仅是一种关心，更多的是来自婆婆对小家庭的把控。

　　对于这种来自婆婆的控制，儿子往往不以为然，因为在他没有结婚的时候就是这样生活的，这是他习惯的方式，可媳妇往往是采取了抵抗的态度。当两个成年男女结婚之后，他们就形成了独立存在的小家庭，在这个小家庭里，媳妇成了女主人，可如果婆婆对小家庭的掌控多了，自然就会和媳妇产生矛盾。

一般而言，这种掌控主要体现在几个方面上：

第一层次，是经济掌控。两个人在组成新的小家庭的时候，双方父母总会给出一些经济上的支援，作为对小夫妻的祝福，而因为传统习俗，男方的原生家庭比女方要付出的多一些。比如说，男方父母给小夫妻出首付购买婚房，又或者是按照当地习俗给予了女方一定金额的彩礼。在之后的婚姻生活中，这些来自经济方面的支援，有可能会成为矛盾的隐患。

案例中阿峰的母亲则是采取了更极端的经济控制，将儿子的银行卡要走这个行为，不仅仅意味着儿子的工资归她所有，更意味着在她眼中，儿媳始终是外人。

第二层次，是行为掌控。中国的父母总有一种思维，孩子是自己的附属品，即便是这个孩子已经成年、已经成家，在母亲的眼中，他仍然是个没有长大的孩子，什么事情都需要由她来操心。可是在婚姻当中，夫妻本是一体，如果母亲过分干涉儿子的生活，其实也就是在干涉儿媳。

阿峰母亲的种种行为其实是非常普遍的：比如不打招呼就直接去小两口的家庭，在儿子眼中，母亲的到来只是为了给他们打扫卫生、做顿可口的饭菜，可在儿媳的眼中，婆婆只是为了来看她是否又花钱买东西了，其余的都是借口；比如在装修婚房的时候，一定要按照自己的标准，在儿子眼中，母亲的要求只是她的经验之谈，怕年轻人吃亏，可在媳妇眼中，这是在生活细节中强行灌入婆婆的习惯……

第三层次，是精神控制。父母总会说"我是为了你好"，但这种他们所认知的"好"是不是真的就好呢？放在小辈人的婚姻当中，他们总会用自己的经验去思考，可这本身就带有局限性，有时候，这种"好"反而成为婚姻的最大隐患。可是他们并不这样认为，反而总是对自己孩子强调，自己是为了他好。即便这种好已经发生了质变，时间久了，儿子也总是这样认为，并且想用这样的理由去说服媳妇，来同样认同他们。

阿峰的母亲的许多做法，他也知道对媳妇而言是非常不公平的，可他是利益获得者，自然是不愿意戳破这个局面，即便是在他已经和小燕离婚了，他也在说母亲是为了他好。的确，母亲是为了他好，却不是为了他的家庭好，更不是为了小燕好。这才是婚姻矛盾的根本。

父母口中的"好"，的确是出于本心，但是当儿子已经成家，父母的"好"仅仅是对于他个人而言，但是对他的新家庭而言，有些"好"就成了负担，成为儿媳心中的阴影。所以，无须打着为孩子好的旗号，却做着伤害他婚姻本身的事情。

草率的离婚不应该是我们的结果（节目日期：2015年6月24日）

主人公：小田（男，25岁，来自吉林，个体）& 小刘（女，23岁，来自吉林，无业）

保卫战主题：两个人草率地办理了离婚，男方后悔了，现在想复婚。

在小田年幼的时候，父母就离异了，他从小和父亲生活。长大后来到母亲的城市工作，也借此机会和母亲拉近了关系。或许是因为从小没有尽到做母亲的责任，所以小田母亲就总是想要弥补这段母子情，对小田的很多事情都很上心。

小田和小刘相识、相恋之后，田妈妈并不太满意这个准儿媳，常常打电话给儿子，让小田到她家里去，而且一去就是数天。小刘不知道未来婆婆和男友说了什么，但每次从母亲那边回来之后，小田就总是因为各种小事和自己吵架，所以她就认为是田妈妈在中间挑唆。

后来，小刘发现自己怀孕了，就想着两个人差不多也该结婚了。但这个时候两个人又一次吵了起来，小田就赌气说："爱结不结，我不结了，孩子你要，我不管！"小刘觉得非常伤心，认为小田总是听他妈的话，从来就没有替她考虑过，就准备去做人流手术然后分手。听到女友真的要去打掉小孩，小田着急了，立刻跑到小刘身边道歉，哄她。

两个人如愿结婚，也等着做爸爸妈妈，但在她怀孕七个月左右的时候，有先兆流产的征兆，大夫让她躺在床上，安心养胎。这个时候，田妈妈又打电话过来叫儿子去她那里，又是好几天都没有回来，小刘只好自己一个人大着肚子照顾自己。

终于到了生产的时候，因为身体原因，医生建议要进行剖腹产，可是婆婆却坚持要儿媳妇顺产，而小田却什么也没说，认为母亲是对的。生产完了之后，小刘躺在病床上，觉得屋子里有点冷，就想让小田去把房门关上，可婆婆却认为必须开着房门。就因为这件小事，小田和小刘又吵了起来。

起初，小刘还会因为这些事情和小田沟通，希望小田不要什么事情都是盲目地听从婆婆的，要有自己的判断，多为她想想，可每一次沟通换来的只是争吵。有一次周末，小刘将孩子放在婆婆那里，和小田去逛了街买了点东西，回到婆婆家里的时候，小田就说了句好累啊，婆婆立刻就说如何如何心疼他，不应该逛街逛这么久等。当着婆婆的面，小刘没有说什么，回到家小刘就对小田说，希望他以后不要在婆婆面前抱怨这些，平时他工作的时候抱怨辛苦，婆婆还会说年轻人有什么可累的，可一说陪小刘逛街累了，婆婆就会觉得媳妇很不懂事，所以就不要当着婆婆的面给她们婆媳之间制造矛盾。小田完全听不懂妻子究竟是什么意思，更不明白自己的做法究竟有什么问题。

后来，两个人经常因为一些琐事发生争吵，小田坚持认为之所以会变成这

样，都是因为小刘和自己的母亲关系不和，小刘却认为很多事情虽然是因婆婆而起，但更多的还是因为和小田已经到了无法沟通的地步。有一天，小夫妻出去陪亲戚吃饭，喝完酒之后，小刘想到这几年自己的婚姻生活有太多不顺心的事情，就委屈地哭了，小田坚持让她说原因，她不愿意说，但没想到小田竟然在醉酒状态下打了她。

经过种种事情，小刘坚持提出离婚。可离婚之后，小田却向她提出复婚，觉得离婚是非常草率的……

🌸丘比特问卷专家妙语

情感嘉宾周晓鹏：我先问一下女方，你来这里的目的是什么？女方回答说，刚开始男方要求复婚的时候，她曾经想过给对方一次机会，就和男方共同生活过一段时间，可是并没有感觉男方有任何改变，所以才寻求节目的帮助。周晓鹏继续说，我其实特别能够理解在单亲家庭成长的孩子：第一，他们最害怕的事情就是吵架，但是他们又控制不住自己要去和别人吵架。怕吵架是因为他们怕父母带给他们那种伤心再一次在家庭里重现，因为吵架会导致他的不幸；第二，他们害怕得不到自己心爱的那个人的关心，他们要的不仅是语言上的关心，也想要行为上的关心，所以他们会怕的东西比你还要多。你从小是因为有父母的关爱，但他没有，正值青春期的孩子最希望父母和他们在一起，就算是郊游也好、在一起吃饭也好，只要父母不吵架他们就安心。而且他们不知道该怎么和别人交流，因为父母没有教过他们，而父母也通过自己的行为告诉他们与异性交流都是通过吵架的方式，所以他们也只学会了用这种方式来表达自己的需求，和他在一起生活让你觉得特别痛苦。如果你真的要和他一起生活，你和他沟通的时候就要特别慢，慢慢告诉给他我希望你怎么做。想对男方说的是，你结婚和复婚的准备都没有做好，因为你内心当中还有对家庭的抱怨和恨，以及你没有能力处理家庭关系。家庭关系是最复杂的关系，因为不仅要处理你们两个人的矛盾和问题，还要处理她和你父母、你和她父母，以及你们和周围所有亲人的关系。当你没有做好这方面的准备的时候，你即便是复婚了，也有可能马上又会离。所以我给你的建议是：第一，要放下心里的那个痛；第二，要学会和你爱的人如何交流，先不要着急和她复婚，你先慢慢学会做一个好爸爸，不会说话没关系，但有一些行为是一定要学会，比如站在别人的立场，考虑别人的感受。

情感嘉宾马丁：小田最重要的成长期不在父母身边，缺乏爱，直到二十岁才回到母亲身边，曾经失去的母爱就格外珍惜，所以母亲说什么就是什么，母亲让走就走，母亲看不惯媳妇就都是媳妇的错，但仅仅是可怜，这事儿也简单了。在你们俩的婚姻过程中，可怜就变成了可恨，你本身的成长过程中的可怜，变成了妻子心里的恨。你是在她怀孕之后、讨论结婚之前就已经开始变得可恨了："爱结不结，我不结了，孩子你要，我不管！"这是你说的话吧？我不知道你当时对她的爱，真实的有多少？一个男人在老婆怀孕的时候那种欣喜、慌张、关怀是平时的十倍都不止，女方提出要流产，你回心转意了。本来有继续恩爱的机会，可又是妈妈一个电话叫走了，去了妈妈那就不回来。正常的男人应该会守在老婆身边嘘寒问暖，生怕她有一点意外，更别说你太太七个月的时候有流产的征兆对吗？这太可恨了，好像这个孩子跟你没有半点关系，更何况这个时候如果出现危险那是两条人命啊！要生的时候，到底是顺产还是剖腹产，医生建议剖腹产，这个时候你居然还顺着妈妈的意思得顺产，妈妈的旨意就那么重要啊，你的主见呢？生完孩子，非要开着房门，所有的一切都应该是以产妇、孩子的安全和健康为主，你妈非要开门就得开门。我们不说妈妈有什么不对，她有她的问题，婆媳之间必然水火不容，有点矛盾很正常，你当时在干什么？以上几点都不难看出，在女方最需要关怀，在孩子要出生的关键时刻，你表现的都是可恨的举动，还谈什么爱呀！对女方说几句，关于婆媳之间的矛盾我们就不讨论了，关键是你的前夫，一没承担丈夫的责任，二没做好爸爸的责任，三当儿子也没当好，这三个角色都没有做好，你期待他改变，可能性微乎其微。

爱情导师涂磊：三个重要问题刀刀致命：他是学徒工，你（指女方）不是个高手，外面还有一个捣乱的师傅。通常失败的婚姻会经过三个层面：艺术层面、技术层面和魔术层面。第一个层面艺术层面，这个几乎不需要学，几乎是每个人爱情的本能，哪一对恋爱当中的男女不是艺术家呢？说情话不需要教，还有那种所谓的浪漫也不需要人教，所以这个阶段都会度过。接下来，一旦遇上婚姻，生活当中的琐事、摩擦就需要你们学会技术层面的成熟。好的夫妻，男恩女爱，你来我往，夫唱妇随，好得就像是婚姻车间里熟练的装配工，大的故障不会有，小的故障立马排除，婚姻技术如火纯情，这才能够会有好的婚姻。但是，男方没有这样的老师教他，他没有学会这样的技能本来没关系，如果找一个技术高超的师傅，他或许可以跟着学。就比如说女方，如果你是一个情商很高，或者是有一定技术经验的人，你带着他，有些问题一样可以解决，但是你不是，你很年轻，这不是你的错。关键是你不行也就算了，夫妻双方慢慢摸索就可以，偏偏外面还有个捣乱的师傅，所以我说的三个问题刀刀致命。其实你们两个都很痛苦，但是你说如果想要真解决很难，因为他不是一时半会儿就能学会的，你们只能度过艺术层面，却没想到以后的种种举步维艰，你也没有想过他在生活里会这么幼稚。所以要问我的意见，我也真的觉得不适合，即便母亲离开，你想教会他也会付出很多，无论是耐心还是精力，而且你现在还有小孩。

❀ 黄金60秒

小田：听老师们说这么多，我感觉原因在我，在于我不会处理家里的这些事儿。在我的思想里，婚姻就是一辈子的事儿，

小刘：我也教过你……

小田：我也愿意为你，为咱们这个家去改变、去学习。

小刘：在很久很久以前，我就教过你，在我和你母亲之间我就教过你，但我感觉……我再考虑考虑吧。

战争结果：女方仍然选择离开，不愿意再和他继续纠缠。

❀小编点评：要学会有技巧地和原生家庭剥离。

每个人都有自己的原生家庭，以及原生家庭里的家庭成员，小两口结婚之后，这些原生家庭的成员并没有任何改变，但实际上，从孩子结婚的那一刻起，他们和原生家庭成员的关系就发生了质的变化。

在法律上，孩子的直系亲属，从原先的父母，转变成了配偶、父母，而且在很多方面，第一考虑人已经从父母转成了配偶。对于这种转变，有些父母是心知肚明的，他们会将更多的选择权交给孩子的配偶，但也有一些家长对此却置若罔闻，甚至对孩子的生活指手画脚，这也造成小两口的最大矛盾。

就如同小田母亲那样，她做的所有事情都是心疼小田：比如她心疼小田陪小刘逛街，会让儿子辛苦，却想不到小两口逛街还能促进他们的感情；比如她总是让儿子回到自己身边，是为了弥补儿子童年母爱的缺失，却想不到此举会让儿媳感到不快。对于这一切，小刘也曾经想改善一下她和婆婆之间的关系，她也曾经劝过小田不要当着婆婆的面喊累，可是小田作为男人，他并没有充分认识到作为润滑剂的作用。

或许案例中的他们是比较特殊的，因为小田的父母在他幼年时就选择了离婚，所以才造成了现在母亲过多干涉小两口生活的情况。可是对于更多夫妻，应该如何面对长辈过多干涉生活的情况呢？

想要剥离他和原生态家庭的关系，并不是能够直接干预的，更不是莽撞地"一刀切"。小刘的想法和愿望是好的，希望能够在行为上帮助丈夫完成角色的转换。可是她却忽略了丈夫这么多年来母爱的缺失，已经让他对母亲的所有要求都产生了条件反射似的"赞同"。正如涂磊所言，小刘还是过于年轻，她知道问题的根源在哪里，却不知道该怎么解决它。

对待每一位即将步入婚姻殿堂的年轻人，很多人都会建议他们搬出来单住，这不仅有利于他们之间在生活习惯上的磨合，也有利于独立。可搬出来单住并不能完全解决问题，这只是生活方式上的切割，更重要的是心理的切割、角色的转换。小刘只是强调丈夫在婆婆面前应该怎么做，却没有帮助他完成角色转换。在小田的心里，他仍然是母亲的儿子，在结婚之后这一点当然不会改变，但他更应该认识到自己不仅仅是母亲的儿子，更是妻子的丈夫，是妻子肚子里宝宝的父亲。

作为丈夫，他有责任在妻子身体不适的时候去照顾妻子，而不是要在这个时候去母亲面前当一个孝顺儿子。作为丈夫，他有责任在妻子刚刚生产之后为妻子遮风挡雨，而不是在这个时候一味地顺从母亲。作为父亲，他有责任在孩子到来之后去学习该如何做一名父亲，而不是在这个时候因为婆媳关系就轻言打掉孩子；作为父亲，他有责任在孩子的成长阶段去付出、去陪伴，而不是在这个时候随意离婚，又在离婚后随意后悔。

只有让伴侣清楚自己的角色定位，才能让他们懂得一个道理：想要解决家庭矛盾，最关键的并不是要永远顺从其中一方，而是要在什么时候扮演什么角色。只有让他自己心里明白这一点，才能切实帮助他完成和原生态家庭的剥离，不能一味地在父母面前只做孝顺孩子，而是要更全面地考虑问题。

❀爱情感悟：每个家庭都应有自己的界限

在中国的家长心中，孩子很多时候并不是单独存在于社会之中的个体，而是这个原生家庭的附属，即便是他们已经长大成人、成家立业之后，家长也不愿意放手让他们去过自己的生活。一方面，是因为中国传统思想里的大家族观念在影响他们，另一方面，很多年轻人的独立意识并不强。

可在婚姻生活中，家长的掌控并不仅仅是影响一个人的生活，还有伴侣及子女教育等诸多方面。如何才能解决这个问题，想必是很多人都在思考的，但并非是不能解决，需要小家庭的双方拥有共同的认知才能彻底完成。

当一个小家庭组成之后，小夫妻就应该主动和原生家庭的成员形成一定的距离。或者有人会说，要和自己的父母保持距离，这是多么不孝的事情啊！其实这个距离并不是给自己保留的，而是给伴侣和父母之间留下距离，自己则是连接距离的缓冲地带。这一点，无论是对女方还是男方，都是如此。

当自己的父母对自己的生活开始掌控的时候，不能等着伴侣内心已经产生了强烈的不快之后，再去想办法解决，而是要从一开始就和父母沟通，让他们不要过多干涉。

比如第一对夫妻，如果婆婆最开始以"为了你们好"为由，想要掌控小家庭的经济的时候，儿子能够挺身而出拒绝这个要求，而是采用每个月固定给双方父母一定的金额作为赡养费，妻子又怎么会备受委屈呢？如果婆婆最开始擅自翻看儿媳的衣柜的时候，又或者是她开始数落儿媳的时候，儿子站出来说这些都是小事，她开心就买，也不是总买之类的话，妻子又怎么会怒气冲冲呢？

比如第二对夫妻，如果婆婆在儿媳怀孕、身体极度不适的时候还坚持让儿子来自己家小住，儿子能够站出来说，妻子现在是特殊时期需要照顾，等她身体好一点了，我们一起去看望你，儿媳怎么会满腔怒气呢？如果妻子刚刚生产完，正是身体虚弱的时候，婆婆还坚持要开着病房门，儿子能够主动调节，儿媳怎么还会抱怨呢？

所以，如果谁觉得自己成了父母和伴侣中间的"夹心饼干"，那就要深刻反思，是否自己做得还不够，才导致陷入了家庭矛盾的恶性循环中。

当然，有些老人是比较固执的，他们的思想和行为不一定能够调整，那就更需要花费时间和精力去安抚自己的伴侣，因为你的懂得，也是她内心中的支撑，让她知道，在这个家里，她并不孤单。

第三节　心怀感恩才能不去抱怨

因为传统观念，有很多人结婚之后都会选择和男方父母一起居住，生了小孩之后，自然而然也就将照看小孩这个重任交给了他们。可时间久了，婆媳之间的矛盾日益尖锐，双方似乎都承受了说不完的委屈。

媳妇认为，爷爷奶奶就应该帮着带孙子、孙女，而自己还要上班，本身就很辛苦，有什么事情难道公婆不能帮衬着吗？

婆婆认为，带孩子自己当然是心甘情愿的，但是自己的辛苦付出却换不来儿媳的一句感谢。为了工作、为了孩子，自己已经操劳了一辈子，有什么做得不周全的，儿媳怎么就非得闹呢？

在儿子眼里，这种婆媳矛盾就真成了公说公有理婆说婆有理，他帮谁不帮谁都不合适。

久而久之，一个小矛盾滚雪球似的越滚越大，最终成为压垮婚姻的主要问题。其实说到底，解决这些家庭纠纷归根结底只需四个字，心怀感恩。学会了这四个字，一切问题都能够迎刃而解。

我不愿意再去受婆婆的气！ （节目日期：2014年7月3日）

主人公：小意（男，32岁，来自湘潭，业务员）& 小玉（女，27岁，来自湘潭，无业）

保卫战主题：女方觉得受到婆婆太多委屈，甚至遭到家暴坚持离婚，男方想要复婚，她坚持不同意。

　　小意的父亲过世比较早，是母亲独自一人含辛茹苦把他拉扯大，所以当小玉和小意结婚之后，就一直和婆婆住在一起。很快，小玉怀孕了，为此她辞去工作，专心在家里养胎。久而久之，婆媳之间的关系越来越紧张，尤其是在孩子出生之后，两个人爆发了非常激烈的争吵。

　　刚刚生完小孩，小玉的母亲就送来了一些营养品，比如鸡蛋、土鸡、燕窝等等，可是因为婆婆做饭的口味和小玉母亲有很大的差别，做出来的东西小玉并不喜欢，再加上要照顾刚刚出生的孩子，所以在短期内小玉变得很瘦，甚至到了医院，医生说她有些营养不良。

　　小玉一直没有上班，而小意的工资也不算高，只有三千元，婆婆就将小意的工资卡也拿了过来，和自己的退休金统一管理，以供每个月的日常开销。可即便如此，她仍然感到经济压力很大，所以就想着怎么能在其他地方节俭一下。每次去超市和菜市场的时候，婆婆都会去购买比较便宜的处理菜和破壳鸡蛋，她觉得虽然这些菜和鸡蛋都不是很新鲜了，但并不影响食用。可小玉却坚决反对，她总觉得破壳鸡蛋是已经被细菌污染过的，人吃了容易生病的。婆媳两个因为破壳鸡蛋没少发生争执。

有一天，小玉和儿子都拉肚子，她对自己倒不是很在意，但是对于儿子拉肚子可是非常上心，就带着他去医院看病，医生说是细菌感染，她就更加认定这是破壳鸡蛋惹的祸。可婆婆却说，从来没有给孙子吃破壳鸡蛋，都是几个大人吃的，可能是因为孩子小，随地乱爬，之后又吃手，才导致的细菌感染吧。可小玉仍然坚定地认为就是破壳鸡蛋搞的鬼。

随着孩子开始成长，奶粉、尿不湿、玩具等一系列费用越来越多，他们的经济压力越来越大。每天晚上小玉都喜欢洗热水澡，有时候甚至要洗一个多小时，听着浴室里哗哗的流水声，婆婆觉得这太浪费水了，就总是让小玉不要洗这么长时间，浪费水。可是小玉却觉得自己照看小孩一整天了，洗个热水澡无非就是放松身心，怎么婆婆还要管呢？心里有气的她便继续保持着自己长时间洗热水澡的习惯。有一次，实在看不下眼的婆婆就直接掐掉了热水，浴室里洗着一半的澡的小玉直接淋了个透心凉。

因为这些琐事，婆媳之间的矛盾不断，可是小意却并不觉得有什么问题，谁家还没有个磕磕绊绊呢？直到有一天，他正坐在沙发上看电视，听到客厅里小玉和婆婆再一次因为破壳鸡蛋吵了起来，紧接着就听到了盘子摔碎了的声音，他觉得都是媳妇的错，就冲过去打了小玉一个嘴巴，导致她半边脸都肿了。遭受到家暴的小玉抱着孩子回了娘家，小玉母亲看到女儿受了这么大的委屈，坚决支持女儿离婚。而此时还在气头上的婆婆竟然也怄气说："离就离，反正她带着个孩子还得回来求咱们。"

两个原本很恩爱的小夫妻就这样离婚了，因为生气，小玉坚决不肯让小意和前婆婆看望儿子。时间久了，小意和他的母亲非常想念孩子，同样也觉得这个婚不该离，就提出了复婚的要求……

🌸 丘比特问卷专家妙语

情感嘉宾周晓鹏：健康的母子关系是健康婆媳关系的基础，如果母子关系处理不好，夫妻关系肯定处理不好。对于婆婆来讲，如果您不从这个家里边拿走掌控权的话，小夫妻就永远没有办法梳理好他们的关系。夫妻之间要有一定的相处时间、一定的相处经验、一定的相处模式，可现在来讲，婆婆自己家和儿子相处的家庭模式，希望儿媳妇一模一样全部照搬，这是不可能的。所有的夫妻在组建家庭的时候都有新的模式，他们两个人会去磨合，当您去插手的时候势必就成了一个管理者，这肯定会让媳妇很难受。我们总用一句"我是为你好"来去压抑对方，因为我们限制了她的需求，她在她原来的家庭里养成的习惯就是想吃什么吃什么，想买什么买什么，但她嫁过来之后就必须全部听婆婆的。所以婆婆啊，如果您真的想要他们两个人复婚，不妨让他们搬出来单过吧，如果他们不单过，他们永远没有办法成立一个小家庭。婆婆表示坚决不行，儿子不能娶了媳妇忘了娘。周晓鹏继续建议说，如果你想要进入他们这个小家庭，就必须遵守他们两个的规则，他们两个的事情让他们自己来处理。

情感嘉宾瞿玮：我想问问婆婆，如果他们让您看孙子，定期会让孙子和你们一起住上几天，您还想让他们复婚吗？婆婆坦白地说想，并且承认刚才说的很多话都是气话。瞿玮继续说，我相信您现在说的才是真心话。婆媳之间的矛盾根源就在于她们都要证明谁是这个家庭的主导，女方你就没有任何问题吗？这个家不是完全意义上的你和他的家，你进入他们家，没有收入，男方也好像只有三千块，经济负担是一个非常现实的问题，刚才我们听到次数最多的词汇——破壳鸡蛋，你想过为什么吗？为什么婆婆要这么抠？坦白地说，你们现在是比较拮据的，他打你是不对，掐掉热水也不对，但你也不是真的完全都对。为什么不想想自己的原因呢？我不相信你真的是在不经意间就把盘子摔在地上，如果你不张牙舞爪盘子怎么会掉在地上呢？你生活在长辈的家庭里，你有做到最起码的尊重了吗？最后我和男方说几句，做男人真的是很难，尤其是做一个没有完全断奶的男人，你还是在听妈妈的，这个家里的主导权在妈妈手里，你又不知道怎么处理婆媳之间的关系，你采取了两种最极端、最失败的方

爱情
保卫战
捍卫你的婚姻

式：第一，逃避式的置之不理；第二，暴力式的火上浇油。你要真正做一个有能力的男人，这个家就应该你说了算，要在婆媳之间做一个缓冲带，把他们的关系经营好了，你就是男人。

爱情导师涂磊：大至一个国家，小到一个单位、一个家庭，只能有一个领导者。这个领导者要具备三个条件：第一，要么德高望重、处事公平；第二，或者是对这个家庭贡献最大；第三，要么是经济上处于支柱。请问你们在场的三个人当中，谁最符合这三个标准？婆婆说是自己。涂磊继续说，领导者就应该做好自己的本分，其他的都是成员和客人，客人也应该做好客人的本分，既然你做不了领导者和主人，就要听话。刚才说三个条件，德高望重，您是具备了，但德高望重者要处事公允，您却没有做到，您明显是倾向于自己的儿子。经济上起主导作用，两个年轻人都不符合，都是啃老族，住着自己母亲的房子，在这一点上你们两个没有资格做这个家庭的主人。第三点，说到贡献最大，谁贡献最大？家里的活全都是婆婆在干，你们也没有资格做主人。所以说，综合以上三点，最有资格做主人的就是婆婆，两个年轻人啊，你们只是这个家庭里的成员，那就做好成员的本分，就听话，就别左手要着供养，右手还要着自由。再次强调，婆媳之间、丈母娘和女婿之间，一定要做到两个关键：视如己出的关爱，相敬如宾的对待。什么意思呢？视如己出的关爱，你的儿子是儿子，人家的女儿也是十月怀胎生出来的，凭什么你说"我的儿子是我一手拉扯大的"，人家女儿也是人家母亲身上掉下来的肉，得两个一样疼，甚至还要更疼一些儿媳妇。你口口声声说"我把她当闺女一样"，你扪心自问，你对儿子好还是对她好。当然你这样是很正常，可一个爱儿子的母亲真正爱的体现是更疼爱他的老婆，说任何问题都先数落自己的儿子，而不是去数落儿媳妇，这也就是我接下来要说的"相敬如宾的对待"。虽然要你将心比心把她当成亲生的孩子来养，但毕竟不是亲生的，那就要相敬如宾，很多话不能直接说，你跟儿子可以不留隔夜仇，但儿媳妇不一样。心里可以当亲生的一样，但做起来还是要当成客人来做。同理，丈母娘也是一样的，你这一辈子都无法体会一个寡妇独自带大孩子的艰辛，那种精神上承担的压力，以至于生活当中的经济压力。站在台上一对比，显而易见，丈母娘漂漂亮亮、衣着时尚，那是因为你是有老公疼的，你会去超市买破壳鸡蛋吗？你当然不会，因为你舍不下那张脸面，婆婆为什么会？因为那是生活所迫，她愿意吗？所以要将心比心啊！两个年轻人之间也是这样，你的妈妈是妈妈，人家的妈妈一样是妈妈。赵川老师说得没错，中国的父母是宁可让儿女吃破壳鸡蛋，也不会让孙子吃的，她宁可自己吃破菜叶子，也不会亏待自己的孙子的。所以设身处地为对方想一想。男方，好的丈夫是两头瞒，蠢的丈夫是两头传，你这个传声筒做得不错啊，相互夸你都不懂吗？所以解决好两个问题：第一，将心比心地去思考；第二，生活当中各自扮演好自己的角色和本分，做成员的人家说的对就要听，做领导的做事就要公允。

✿ 黄金60秒

小意：老婆，我确实做错了，不该冲动的时候打你。想想我们以前，第一次认识，第一次牵手，第一次去看你喜欢看的烟花，第一次吃你亲手给我做的寿司，我觉得我们在一起很好。想想我们的儿子，他也两岁多了，你也不希望他以后是在单亲家庭中成长。我很希望给你和儿子一个完整幸福的家庭，请回来吧。

小玉：其实每次儿子问我的时候我心里也非常不舒服，但是那个家庭我是真的不愿意回去。

战争结果：女方愿意给男方一次改正错误的机会，双方的母亲也握手言和。

✿ 小编点评：心存感恩才能相互理解。

不可否认，现在有很多年轻人都在不自觉地"啃老"，尤其是在结婚之际，

无论是出婚房的首付，还是和长辈一起居住，在经济方面都很难做到真正独立。像小意和小玉这样的家庭，其实非常常见：每当婆媳之间发生矛盾之后，小玉总想着实在不行就搬出去自己租房子住，再也不愿意看着婆婆的脸色生活；可如果真的离开婆婆，小两口又搞不定自己的生活，琐碎的家务、哭闹的小孩，让小玉同样感到心累。

如何解决这样一个"死结"？其实答案很简单，只有八个字——调整心态、学会感恩。

在婚姻中，女性往往会陷入几点误区，因为深信这些错误观念，从而导致心态发生了变化。

在准备结婚的时候，公婆拿出半辈子的积蓄给儿子购买婚房，无论是首付还是全款，都变成了理所应当的事情；

当小孩出生之后，公婆是有责任来照看孙子、孙女的，并且还必须要在儿媳坐月子的时候伺候她；

当小家庭出现什么问题的时候，或者要添置大的物件，比如购买房车的时候，公婆必须要拿出一部分积蓄来支援他们……

可我们试想一下，这些想象中的责任真的合理吗？当孩子长大成人、参加工作之后，就成为一名独立的人，拥有独立的思想和生活。而孩子成家之后，更是如此。我们不能一面要求父母必须尊重我们的选择，给予我们自由，一面又要求对方必须在自己困难的时候，必须舍弃自己原有的生活和财富，来为我们付出。

的确，小两口结婚之后，会遇到很多生活上的问题，需要长辈们的支持，有些长辈也的确愿意降低自己的生活质量为小辈忙碌。那么我们就应该心怀感激，承认并尊重他们的劳动和付出。

就如同案例当中的小玉，为了生育下一代她选择了辞职，可一家子的吃穿用度单凭丈夫一人的工资根本就负担不起，婆婆只能用自己的退休金来贴补。小玉不仅不感激，反而一味指责婆婆购买破壳鸡蛋，就连让自己洗个痛快的热水澡都成了奢侈。如果换个角度来想，婆婆真的愿意去买破壳鸡蛋吗？真的愿意为了那点水电费就和儿媳发生争执吗？这难道不是经济压力之下的无奈举措吗？如果小玉能够理解并学会感恩，她会认同婆婆的诸多做法，毕竟都是为了家庭、为了孩子。

面对我的母亲，请拿出一点耐心和孝心！（节目日期：2016年7月20日）

主人公：林先生（男，30岁，来自湖南，房产中介）＆徐女士（女，30岁，来自湖南，服务员）

保卫战主题：在女方父亲生病期间，男方无微不至地照顾岳父，可婚后和婆婆一起居住，并且由婆婆照看女儿的时候，女方却对婆婆百般指责，让婆婆感到很寒心，也让这段婚姻陷入危机。

　　林先生和徐女士相爱之后，徐爸爸患了癌症，在住院治疗期间，林先生充分体现了他的男友力，照顾得无微不至。这让徐女士非常感动，觉得林先生就是值得自己托付终身的男人，所以在徐爸爸过世之后没多久，两个人就结婚，并且很快就生了女儿。

　　结婚之后，他们就一直和婆婆住在一起，生了女儿之后，也是婆婆一直在照看。林先生以为，自己当初对徐爸爸那样照顾，妻子是看在眼里，也能够和他一样尊重长辈。可让他没想到的是，自己的妻子和母亲就是水火不相容。

在婆婆看来，徐女士花钱非常"大手大脚"，小两口从结婚到怀孕这段时间里，居然一分钱都没攒下来。当孙女出生之后，她就认为，儿媳根本就存不下钱来，只能是这个做奶奶的替孙女筹划了。于是她就和林先生说，既然现在都住在我这里，你就把工资卡存放在我这里，我给你们攒钱。林先生一听，觉得母亲也是为了自己着想，就将工资卡给了母亲。徐女士最初并没有说什么，也认可住在婆婆家，应该上交一部分作为生活费。可是过了几年的时间了，她连丈夫的工资是多少、存了多少钱都不知道，再加上和婆婆的矛盾日益加深，她就认为婆婆这样做根本就是把她当贼一样提防。

林先生的工资卡是财政大权的一个导火索还没有理清楚，又发生了另一件事情：原本婆婆家里有一辆非常实用的汽车，一般都是公公驾驶。孩子出生后，婆婆考虑到以后孙女出门，还是有辆车比较方便，正好林先生的工资卡上已经存下六七万，就要求儿媳拿出她的嫁妆五万元，一起买一辆代步车。徐女士一听就急了，她想的是：自己丈夫的工资已经全都上交了，现在想要买车，还要用自己压箱底的私房钱，而且她并没有驾照，买了车也要写在丈夫的名下，这对自己太不公平了。

经过几次关于"金钱"方面的争吵，徐女士想和丈夫搬出来单住，把孩子送到幼儿园。这样做一方面经济上能够独立，一方面也能让丈夫担起责任，更能让孩子学点知识。可让她没想到的是，婆婆对此坚决反对，甚至说把小孩送到幼儿园就是嫌弃她这个奶奶带得不好。为此，两个女人之间爆发了激烈的争吵。

林先生看到这一幕之后感到很寒心，他自认自己当初在徐爸爸病重的时候是尽到了一个女婿应尽的孝心，就能换来妻子对自己母亲的尊重，可现如今她却因为一点家庭琐事就和母亲大吵大闹，于是气急的他动手打了自己的妻子。徐女士心里很委屈，在这个家里她受了无数的委屈，可是丈夫从来都不站在她的角度替她考虑，只是一味地让她顺从……

在《爱情保卫战》的舞台上，婆婆表示自己也很委屈：在家里不仅操持家务，还要照顾小孩，小两口除了把儿子的工资卡放到自己这里，几乎不用他们帮家里做任何事，结果自己的付出，儿媳全然不顾，现在竟然还要搬出去单过，根本就没想过她这个做奶奶的哪里舍得从小带到大的孙女。

🌸 丘比特问卷专家妙语

情感嘉宾周晓鹏：说实话我很羡慕孩子有老人帮忙带的，因为我就没有这样的长辈帮忙，深知其中的辛苦。女方刚才一直在说上班累，我也知道上班很累，但当时我没办法，除了上班，我还要做家务，特别是夏天的时候做饭，家里最热的就是厨房。这些你都不懂，因为你没有经历过，你真应该抽出一天的时间去感受一下，何况还要照看一天孩子。所以女方，尽管婆婆的确有一些地方做得不是很合适，但关键你懂不懂孝心，你内心有没有一点点感谢。同样对于婆婆来讲也是一样，您拿回儿子的工资卡我们知道您想要管什么，两个年轻人赚点钱不容易，赶紧把钱存起来，有了孩子之后花钱的地方多，小年轻不会存，就我来帮忙。但是您帮他代办，可您想过没有总有一天您要离开，那个时候谁来帮他们？他们当爹妈的也需要成长，虽然您儿子现在认同您的做法，但心里也会埋怨您，也会想如果妈妈您不管这么多，我和我媳妇之间还没这么多事儿。所以做母亲的，有时候不要太过越界。再来说一说男方，我很认同你妻子的一句话，你的工资卡应该先交给她，再由她交给婆婆。这个钱应该是经过你们双方的商量和认可，家里的钱怎么用：多少是作为固定储蓄、多少是作为家用、多少是作为生活费交给妈妈。从这一点就能看出，你们两个人遇到什么事情，都是你说我和我妈已经商量好了、决定了，然后再告诉妻子。你只是在告知她，告知是对外人的，而家人是要共同商量的。对女方来说也是一样，你也是在饭桌上告知婆婆，说自己要和丈夫搬出去，也没有和丈夫事先沟通。我认为，你们回家之后应该商量一下，应该怎么做。

情感嘉宾瞿玮：你们家所有的问题归根结底就一句话，谁都没有摆正自己的位置：婆婆，您越位了；儿子，你错位了；儿媳，你失位了。先说婆婆，虽然你们住在一起，但其实是两家人，他们小两口是一个小家，您再跟他们是一家。最简单的方式，就是让他们自己真正地过过日子，他们的饭自己做，他们的孩子自己带，您自己过自己的，看他们能过得怎么样，要不要来找您帮助。男方，你现在是三个角色——儿子、父亲、丈夫，你做好了哪个？刚才我听你的母亲在问儿媳妇饭做没做、家务做没做、孩子照看没照看？你的母亲是护着你，但同样你也没做啊！如果你能撑起你们两个的小家，还需要你母亲这么受累吗？你太不合格了！女方，婆婆的确替你做了很多的主，让你感觉在这个家庭里根本没有存在感，但你也懒啊。存在感、尊严，包括地位都是自己争来的，你先做好母亲、儿媳妇、妻子应该做的事儿，再考虑争权。就是因为两个年轻人都没有做好自己该做的事，才让婆婆什么都要做主，明白自己该干什么，这事很简单就解决了。

爱情导师涂磊：我只说四个字：将心比心，这是说给你这个儿媳妇听的。我知道此时此刻你内心的想法，觉得在这个大家庭中有点不清不楚，你想把它分得清清楚楚。但是一个家庭怎么可能分得那么清楚？我最恨你的一点就是：有一些人往往在自己遇到困难的时候，就希望家庭不清不楚，大家都来帮自己，等自己过了这个坎儿之后，就希望分得清清楚楚，这是不是有点过河拆桥？一个癌症病人在快要离开这个世界的时候，身体上是非常痛苦的，但我相信你父亲走得很安详。你父亲从生病到离开那十个月，你们两个还没有结婚，你的丈夫还在追求你，他没有像其他某些男人在所爱之人的亲人患了绝症之后落荒而逃，他花了整整十个月的时间把你的父亲送走，无微不至像亲儿子一样，甚至为了照顾你的父亲找了一个离医院最近的房产中介公司工作。但是他这样对你的父亲，你又怎么对他的母亲呢？当你父亲生病的时候，付出最多的不是你而是他，当你生了孩子之后，负责带孩子的也是他的母亲。爱一个人就要爱屋及乌，你的丈夫做到了，但你做到了吗？你非但没有做到爱屋及乌，也没有做到将心比心，从你上台一提到婆婆的态度，我就很看不惯。的确，婆婆有一定的问题，我承认，但相比于这家人对你的付出，你应该愧疚更多。想要解决家庭中的矛盾方式有很多，但请你一定要多体谅别人的感受。

✿黄金60秒

林先生：老婆，以前是我不对，我希望我们一家以后好好过，有什么事一起商量。希望你能跟我一起走到最后。

徐女士：我现在没有想好，让我好好想想。

林先生：为了孩子，为了我们这个家不散了，我希望能和你走到世界的尽头。

徐女士：让我想想吧。

战争结果：男女双方都认识到了自己的错误，愿意给彼此一个全新的开始，女方也诚心诚意给婆婆道歉。

✿小编点评：为了家庭和睦，要学会将心比心。

在很多婚姻中，婆媳矛盾都是伴随着新生儿的到来所引发的，婆婆帮忙照看孙子、孙女，不可避免地会和儿媳产生一些冲突，但是每个儿媳解决方式都不同，也会换来不同的结果。

聪明的儿媳嘴甜手勤，尊重婆婆。嘴甜并不是说一些甜言蜜语，或者整天把感谢挂在嘴边，而是要懂得在适当的时候说适当的话，让听的人心里舒服；上班固然辛苦，但是回到家也要帮着婆婆操持一些家务，替换着照看小孩，让长辈有休息的时间；尊重则是更不可或缺的一环，要让婆婆有被尊重感。

普通的儿媳嘴笨手勤，懂得照顾婆婆的感受，但以女主人自居。中国人的情感非常含蓄，尤其是对待家人更是吝啬赞美，并且总以自己嘴笨为借口，说着不合时宜的话，其实活儿没少干，却总是不落好。她们在平时会照顾婆婆的感受，但一到了关键时刻，就总是拿出"我才是家里女主人"的架势，让婆婆在帮忙的时候也别忘了身份。

最笨的儿媳不仅不会说好听的话，也不愿意多做事，也不懂得感恩。就比如徐女士。其实她们并没有坏心，也没有说想让婆婆承担起家里所有的开销，只是她们的很多做法让人感到不舒服，从而加重了婆媳矛盾。

正如在场嘉宾所言，婆婆有做得不对的地方，这是一定的，她心里想的、决定的，完全没有尊重儿媳，只是找儿子商量，这对于哪一个儿媳妇而言都是难以接受的。但每个问题都有不同的解决方式，如果说徐女士能够拿出当初丈夫对待自己父亲的态度，相信所有的问题都不再是问题了。

🌸 爱情感悟：没有任何一种付出是理所应当。

每个人在进入婚姻之后，会因为经济问题，又或者是家务琐事、子女教育等问题，需要长辈的支持，但问题是我们要明白，没有人有责任和义务必须这样做，长辈们之所以会选择帮助，是因为亲情的纽带，而非是金钱的交易。想通了这个最基本的前提，有很多所谓的家庭矛盾也就不复存在了。

案例当中的儿媳都是在抱怨婆婆没有把自己当作家里人，总是会以生活费、攒钱为由要走自己丈夫的工资。的确，婆婆的所作所为是有些欠妥当，但换个角度想一想，既然小两口，连同刚刚出生的孩子都是住在婆婆这里，上交一个人的工资作为生活费是不是合情合理呢？即便是像她们所想自己搬出去单住，可以掌控了丈夫的工资卡，那请人来照看小孩是否也要付一定的费用，又何必为了这些本应该花出去的钱闹得不可开交呢？

其实仔细听下来，两位儿媳都没有说不应该给婆婆钱，只是不满给钱的方式，感觉他们母子二人商量好之后，就替她做出了的决定。情感嘉宾周晓鹏的建议是最好的方式，丈夫每个月把钱交给妻子，由妻子出面将生活费上交给婆婆，这样一来，妻子觉得自己被尊重了，婆婆觉得自己的付出是值得的。

事情都是一回事，日子都是一样的过，但是心态不同就会有不同的反应。两个案例当中的儿媳，包括儿子，都不认为自己是在啃老，都认为婆婆对家庭、对他们小家的照顾是理所应当，全然没有感恩之心，才导致了儿媳有儿媳的委屈，婆婆有婆婆的委屈，儿子夹在中间非常难做。如果儿子儿媳对长辈对家庭的付出心存感恩，自然在言谈举止之间就会表现出尊重，婆婆自然也能看在眼里，感受在心，家庭自然也就和睦起来。

第五章

迎接孩子要做好充足的准备

第一节　迎接孩子更应注重转换角色

新生儿的到来，对于每个家庭而言都是一份天赐的礼物，那是双方爱的结晶。但并非是所有夫妻，又或者说是夫妻中的二人都做好了迎接新生命的准备，因为步调不一致，同样也能引起很大的矛盾。

孩子从孕育到出生，女性往往在身心上承担着更大的责任，但出生之后，双方应该如何配合着抚养孩子呢？又应该如何经营夫妻间的感情呢？

有些人在孩子出生之后，很久都无法完成自身角色的转换，无法承担起做父母的责任，反而将带孩子的重任推给伴侣，甚至认为我上班了、赚钱了，就是完成任务了。

而有些人则是另一个极端，将所有的注意力都放在孩子身上，从而忽略了伴侣的需要和感受，让对方觉得自己成了隐形人。

孩子出生后，小两口都需要注意角色的转换，但也不能将"父亲""母亲"作为唯一的角色，这中间需要的不仅仅是有心，更要注重沟通。

请你做个合格的母亲！（节目日期：2016 年 4 月 28 日）

主人公：小王（男，38 岁，来自江苏，个体）& 小彭（女，31 岁，来自江苏，全职妈妈）

保卫战主题：男方认为女方总是长不大，做不好母亲，希望女方做出调整。

　　小王和小彭结婚之后，很快就有了孩子，但是孩子出生之后，小彭这个做母亲的种种行为却让小王觉得非常担心。

　　小彭刚刚出了月子之后，她的闺蜜就打电话约她出来，心疼她在月子里这也不能吃，那也不能碰，既然出了月子，就好好庆祝一下。小彭听了之后非常高兴，抛下儿子就和朋友去聚会了。在饭馆里，朋友劝她自从怀孕之后就没有喝过酒，不如这次喝一点吧。小彭最开始还以正在哺乳期为由谢绝，但听朋友说了几次，她也就喝了点度数很低的香槟。回到家后，小孩正好找妈妈大哭不止，小彭听到孩子的哭声，本能地就跑去给孩子喂奶，忘记自己已经喝了酒，不能喂奶。孩子喝了奶之后，没过多久就开始全身发烫，直到这时小彭才想起自己喝了酒，连忙把孩子送到医院。

　　孩子开始学习走路的时候，小彭就常常带着他去楼下和其他小朋友一起玩。有一次，孩子在和其他小朋友在追逐的时候，不小心摔了一跤，把膝盖磕破了。小彭觉得男孩子皮实，磕破了也无所谓，回家擦点碘酒就好了。可小王回家看到儿子膝盖受了伤之后，就指责她，说她在看孩子的时候也这么粗心，一点责任心都没有。

　　后来，孩子一岁半的时候，小彭还没有给孩子断奶，可因为哺乳平时就比较邋遢。在怀孕期，小王总是说老婆不管你怎么样都好看，可等她真的完全开始不顾及自己形象、一心一意忙活家务之后，小王却总是表现出不耐烦、有些嫌弃的样子，甚至会在她面前对其他异性的容貌表示赞美。那一天，她和儿子在家里玩耍的时候，儿子就拿起小王另一个平时不怎么拿出来的手机玩游戏，突然蹦出一条短信，是一个异性朋友发来的，上面写着什么时候一起喝咖啡？小彭就问丈夫这是谁，小王刚开始是比较不耐烦，后来又说是工作合作伙伴。小彭就表示可以把朋友约来家里谈事情、喝咖啡，小王坚持说不方便。小彭觉得肯定是因为自己整天在家里带孩子，肯定没有女性的魅力，所以她就想，干脆给孩子断奶送到幼儿园去，自己也可以重新回到职场，重拾自己女人的魅力。

她把自己的想法告诉了丈夫，小王虽然不太愿意，可耐不住媳妇的劝说，就同意了。但他没想到的是，小彭把孩子送到幼儿园里就更加不上心了。那一次他出差，到了傍晚的时候，他就打电话回家想听听妻儿的声音，但没想到小彭却说自己还没有去幼儿园接小孩，小王很生气就问她怎么还不去接孩子？小彭竟然用无所谓的语调说，自己在烫头发。

小彭觉得孩子出生之后，一直都是自己在带孩子，在没有两家父母的帮助下，什么事情都是自己亲力亲为，稍微出现一点点错误，小王就一味地指责自己，觉得什么都是她这个当妈的错误。而且，现在小彭强烈要求想要出去上班，把孩子送到幼儿园，可是小王因为那些事情就觉得孩子现在太小，送幼儿园肯定得不到很好的照顾，还是让小彭在家里做全职妈妈对孩子更好。而且，除了带孩子之外，小彭觉得小王什么事情都太较真了，好像什么都得说出个道理来，但小王觉得生活本来就应该如此。因为这些生活中的琐事，他们来到了《爱情保卫战》的舞台上……

✿ 丘比特问卷专家妙语

情感嘉宾马丁：说实话啊，男方，你妻子至少可以得三块奖章：第一，英雄哺乳妈妈，能喂一年半以上的中国妈妈可能不到百分之十；第二，耐得住寂

寞奖，不是很多妈妈想全职就能全职的，要克服很多困难，她一个人在家里其实很无聊，虽然面对自己的宝宝，但断绝了外界的联系，把你放在家里憋一年半你看看你得变成什么样；第三，忍受老公无理骚扰奖，自己哺乳这么长时间，没有婆婆和亲妈的帮忙，这非常厉害，还有一个在耳边没完没了挑刺的丈夫，还能忍得住不和你闹，这是第三个奖章。有一句中国老话是我在当爸爸的过程中觉得是至理名言："要想小儿安，三分饥和寒。"有一种冷，叫妈妈觉得我冷，有一种饿，叫爸爸觉得我饿，孩子被捂的啊，都上火了，都是父母和长辈不懂如何照顾孩子，非得这么做，你就是这样的人。就像赵川刚才说的，角色互换，小王你自己在家里带孩子一个礼拜，不能有任何人帮忙，你就知道你老婆有多么了不起了。

情感嘉宾瞿玮：我觉得男方你今天来这里是来对了，因为你只有到了这里才知道自己原来有多幸福。孩子受到一定程度的磕碰非常正常，有时候过多地关注对孩子的成长是不利的，有些事情就是让孩子自己去接受，比如磕碰，他疼过了，就知道下次要小心，否则你每次都去呵护他，他就失去了自我保护能力了。男方你心里知道，就是做不到，你不光做不到还去埋怨，但你却忘记了你妻子在中间付出了更多的东西。而我更想和你说说你的错误，你知道她为什么要断奶，为什么要烫头，为什么要去找工作吗？就是因为你要和别的异性去喝咖啡了，就是因为你已经在言语之间嫌弃她了，或多或少你都觉得她不如以前好看了，你不再关注她的外在和需求了，更多地是将她定义为"孩子他妈"。女方其实是个非常独立、有主见的人，她希望自己在你的心里不光是"孩子他妈"，而是你的太太、你的爱人，如果你真的是把注意力和你对她的爱还有体现的话，还会去和其他异性喝咖啡吗？还会嫌弃她吗？所以这一点非常重要，也是需要你去改进的。如果你改正了这个缺点，理解她作为母亲的辛苦，你们就真的会非常幸福，孩子也会感觉到幸福。

爱情导师涂磊：男人最喜欢说的一句话就是"哪个女人生孩子不都是这样的"。说实在的，每个女人生孩子都是这样，但在带孩子的过程当中，有很多男人没有办法体会：比如说每天晚上喂两次奶，睡眼惺忪的、披头散发的，自己都还没有睡醒就得把孩子抱起来，抱得自己手臂发麻，喂完了再放回去，睡不了一个安稳觉，男方你起来过没有？再比如在喂奶的过程中钙质流失和营养流失，掉头发也好，耻骨痛也好，男方你也没有感受过吧？既然你都无法感受，又凭什么指手画脚呢？喂到一岁半确实不容易，我老婆现在喂到三个月，丈母娘也跟着忙活，她都已经快要疯了。在我看来，你不光不应该对她指手画脚，你连辅助作用都没做好，应该感觉到愧疚才是，而不是像你那样。别的不多说，这个女人帮你省了很多钱，一个月嫂一个月多少钱，普通的七八千，好一点的得上万，奶粉也省了很多钱，你说遇到一个又能为你省钱省力，又不跟你记仇的女人，你还不应该偷着乐吗？坦白地说，女方在细节上的那点失误，跟你比起来都不算错误，因为你除了拿钱什么都没干。待会儿黄金 60 秒的时候你只需要做一件事，就是谢天谢地你有这样一个老婆。

✿ 黄金 60 秒

小王：老婆谢谢你，谢谢你这么多年为这个家付出了很多，我希望我们一起好好地经营好我们的家庭。我有我的毛病，我也希望你能改改你的毛病，咱们一起好好的。

小彭：老公其实你说我，有的时候我只是嘴上不说，其实我已经改了，但你没有看到。你以前是怎么对我的，但自从我生了孩子之后，你就变了……

战争结果：两个人和好如初，继续经营好自己的婚姻。

孩子出生后，究竟该由谁来作为主力，这是每个家庭都需要面临的问题，而在更多婚姻当中，多半都是由女方为主，甚至有很多女性在经济条件允许的情况下做了全职妈妈。于是接下来的婚姻生活，就变成了另一种相处模式。

在男方看来，妻子的第一角色变成了母亲，她就应该为了孩子放弃自己原本应有的生活，就应该不化妆、不娱乐、没有自己的时间，更不能放下孩子出去和闺蜜逛街。这些都只是"妻子"的权力，可是当了母亲之后，就应该以孩子为主。

小王就是这样要求小彭的。小彭的粗心导致了自己喝酒之后给孩子喂了奶，为此孩子必须去医院挂急诊。作为母亲，她的确粗心大意了，但这个错误真的就那么罪不可恕，让丈夫数落半天吗，还是说丈夫就是要把错误放大化呢？

再后来，小彭的确按照丈夫的要求，事事以孩子优先，整日在家里照顾小孩、料理家务，变得不修边幅，小王又认为妻子没有了女性魅力，甚至堂而皇之地和其他女性说了些暧昧的话。

可以说，这个案例是很多婚姻家庭的缩影：孩子出生之后，女人往往过多地承担了照顾孩子的重任。在这个过程中，丈夫不仅没有承担起辅佐妻子照顾小孩的责任，反而因为自己为家里赚钱就高高在上，甚至对妻子的付出视而不见，稍有差池就愤然指责。当妻子为了家庭放弃了自己的所有爱好，整天只知道围着灶台、孩子转的时候，丈夫又开始嫌弃她的不修边幅，像个黄脸婆，早就忘记了在没有孩子之前，她也曾拥有过姣好的容颜、靓丽的着装，也曾散发着女性的魅力。

小彭后来幡然醒悟，决定停止这种无休止的家庭主妇的生活，可在这个时候，丈夫仍然没有反省出自己的错误，反而继续指责她没有照顾好孩子。

孩子的降临，让夫妻双方都备感喜悦，但与此同时，肩膀的压力也会突然增大。照顾孩子，不应该只是夫妻之间其中一方的责任，而是双方都应该共同付出。的确，孩子还在哺乳期间，母亲的角色更为重要，可这并不等于父亲就可以缺席，不能够哺乳，还能给孩子换尿片、教孩子说话、陪孩子玩耍。等孩子稍微大一些，父亲更应该参与到他的成长过程中，而不是把"我要赚钱"拿出来当借口。

同样，除了"父亲"这个角色之外，更不能忽视自己也是一名"丈夫"。当妻子经过十个月的艰辛、生产的疼痛，好不容易生下了两个人的爱情结晶，丈夫不能做到感同身受，也至少要做到内心怜惜，心疼妻子身体上的不适、为孩子的操劳。

很多时候，妻子想要的并不是丈夫赚多少钱，而是一句"辛苦你了"，至少让她感受得到，她的付出，你看在眼里、记在心上。切不要因为做了"父亲"，就忘记自己还是一名"丈夫"，更不能忽视自己作为父亲和丈夫的责任。

你什么时候在乎过我这个孩子他妈? （节目日期：2016 年 3 月 10 日）

主人公：小谢（男，29 岁，来自湖南，模特）& 小刘（女，26 岁，来自湖南，无业）

保卫战主题：宝宝出生后，两个人争吵不断，女方觉得男方根本就没有尽到做父亲的责任，如果不改变就要回娘家，结束这段婚姻。

小谢和小刘在一起之后，小谢的母亲非常反对他们这段恋情。小刘当时身体不太好，一直在吃中药调养身体，小谢的母亲就认为今后小刘肯定不能生孩子，所以坚决反对，并且说如果想要嫁进来，就必须先怀孕。后来，小刘如愿怀孕了，小谢的母亲才松口，让他们结了婚。

在怀孕期间，婆婆对小刘并没有特别的照顾，一切都是小刘自己来。在生产的时候，她阵痛了十七个小时，从来没想过要放弃顺产，等她从产房里出来的时候，发现婆婆和丈夫的注意力已经全部放在了新生儿身上，全然忘了她这个产妇。等到她身体稍微恢复了一些的时候，才发现婆婆跑出去给自己买盆去了，原来他们连最基本的产妇护理的东西都没有准备，在医护人员提醒之下才知道需要什么。小刘的母亲看到这里觉得让亲家照顾女儿的月子实在是不太靠谱，于是就亲自来照顾女儿的月子。

出了月子之后，小刘母亲也回到了自己家，只剩下小刘一个人带着孩子。有时候她很希望丈夫回到家里能够替她照顾一下宝宝，或者做点简单的饭菜，可是小谢总是说，男人就是应该赚钱养家，女人就应该在家里做家务、带孩子。不仅要照顾宝宝，有时候小谢总是把东西乱扔，之后用的时候又找不到，这让小刘也大为恼火。

因为生了儿子，婆婆就想着，虽然之前和儿媳妇之间有很多不愉快，但好歹是自己的孙子，做奶奶的怎么也得有所表示，于是就提出平日里来小家做客，顺便帮小刘带带孩子。但因为之前婆婆的很多做法都让小刘感到非常委屈，每次婆婆来的时候，她都带着儿子出去和朋友聚会，或者是去公园游玩。婆婆来到家里看不到孙子，也很伤心，小谢看到母亲这个样子，也就常常因此和小刘发生争吵。

小刘觉得小谢变了，他现在不仅不体谅她带孩子的辛苦，也不能尽到一个做父亲的责任，孩子的什么事情都不管，就算有时间了也总是出去打球；小谢也觉得小刘变了，曾经那个温柔善良的女人，自从孩子出生之后，就总是因为一点小事就发很大的脾气，好像变了一个人一样。

本身这段婚姻就已经因为家庭琐事变得极为脆弱，小刘也感觉自己的丈夫太过大男子主义，但除此之外，她竟然发现丈夫在外面有了"暧昧对象"。那一次，小刘听丈夫的朋友说，他和小谢一起出差的时候，竟然撞见异性朋友小雅身着睡衣出现在小谢的房间里。朋友不知道具体发生了什么，只是觉得这个事情有必要让小刘知道，就告诉了她。回到家里，小刘质问小谢究竟是怎么回事，小谢就说，当时很多个人一起出差，小雅只是一个同事，当时她只是跑到他房间里问晚上订餐的事情，没想到被朋友看到了，就多想了。可无论小谢怎么解释，小刘都不再愿意相信，并且因为之前种种的不愉快，产生了想要离婚的想法……

🌼 丘比特问卷专家妙语

导演郭靖宇：先和弟妹说两句，我太太生孩子生了四十多个小时，还在国外，我一句外语都不会说，也是剖腹产，孩子出来的时候在一辆小车里面，我能感觉医护人员的意思是让我先把孩子推回产房，我就按照他们说的去做了，等我再回到那边就找不到我太太了，后来我太太跟我说，当时她打了很多麻药，觉得浑身冰凉，想盖个单子都没办法，那时候她觉得人生都完了，她是笑着跟我说的。我是这么认为的，没有任何一个儿媳妇和婆婆之间会有绝对的矛盾，只要你想开了都能想通。我太太比我和我妈妈关系更好，现在我妈妈去世之后，我太太比我更思念她。不要说和婆婆之间关系不好，你回去找一找老太太对孙子的爱，可能就会把你和她的感情递进得特别自然，因为你们两个人之间有两个共同爱着的男人，一个是你的丈夫，另一个就是你的孩子，所以你们之间不应该有矛盾。当然这不是你的错，回去你可以找一找，如果能找到，今后几十年都会变得幸福。我再问问男方，兄弟，到底小雅那个事情是不是真的？小谢发誓说不是，绝对没有想过要去做对不起老婆的事情！郭靖宇继续说，好，敢在这么多人面前发誓，我相信你。但是，今后有任何女人穿着睡衣站在你面前，都是你的错，人家提出这个疑惑是对的。还有一点，谁告诉你做饭、做家务、带孩子都是女人的事儿啊？不会做饭的男人都不是优秀的男人，不会给孩子换尿布的男人都不是优秀的爸爸，这是一个男人的幸福，也是一个爸爸的幸福。当今的社会，女人难道不能赚钱养孩子吗？一定能，所以不要觉得自己赚了点钱就怎么样了。

演员杨志刚：听完了我可能要批评男方两句，一个是你有点自我，另一点是你太大男子主义。这个世界上不是你一个男人挣钱养家，几乎所有的男人都在挣钱养家，这是一个男人身上最基本的担当。对孩子，什么都不会，什么都不懂。我给你的建议是，给妻子放一个月的假期，让她去旅游，你一个人带带孩子，就知道其中的滋味了。

爱情导师涂磊：你口口声声说"男人挣钱养家是应该的"，还不够准确，应该说男人养家是最基本的，没有什么洋洋自得的。如果一个男人的职责只在于挣钱养家的话，那只要能挣钱养家的男人就可以成为她的老公，因为他不需要投入感情，不需要投入爱，只要往家里扔两个钱就可以了。既然当爹了，就请做出一个当爹的样子，你说你不带孩子，不善其能，你可以做做家务，可以做些辅助性的工作，但是你什么都不干。对女方而言呢，有一句话说得好："人生就是呼吸，呼者，为顺一口气，吸者，为争一口气。"如果你只吸不呼，这口气就堵在那里，你整个婚姻就是在赌气，那口气就是孩子。但是你要想清楚，不管婆婆对你怎样，好或不好，抑或这个婚姻结得顺或者不顺，家都是你自己的家、孩子是你自己的孩子、老公是你自己的老公、日子是你自己的日子。你跟自己过不去，可不就自己难受吗？你的目的是要解决问题、追求幸福，赌气又有什么意思呢？既然结了婚生了孩子，赌气不是日子，解决问题才是关键。

小谢：我知道我很粗心，陪你们的时间很少，但我真的很爱你和宝宝，就是有时我知道我的口才不是很好，不知道怎么处理你和我妈妈之间的事情，但我希望你们都好好的。以后我们一起可以出去玩什么的，希望老婆你能陪我一辈子。

小刘：其实我就是想让你多陪陪我，多帮我分担一些，帮我带带孩子。

小谢：我知道，以后我一定会多陪陪你。老婆，我爱你。

战争结果：女方决定放下心结，和男方继续走下去。

小编点评：读懂伴侣所作所为背后隐藏的焦虑。

很多男人眼中，几乎所有的女人都要生孩子，都要照顾孩子，似乎"男人赚钱养家、女人照顾孩子"成为最稳定的婚姻生活方式，却并不知道这种看似传统的方式也会让婚姻走到崩溃的边缘。

当女人怀孕之后，她会迅速进入"母亲"这个角色，会在日常生活当中格外注意，是不是有什么食物不应该吃，有什么生活习惯需要改正。而男人因为不用经历怀孕后身体上的不适，也就无法迅速完成从"丈夫"到"父亲"的角色转换，而案例当中的小谢，不仅没有完成这个转换，甚至连从"儿子"到"丈夫"的转换过程都没有完成，就仓促上阵，成了一名"父亲"。

一个好的丈夫，在妻子怀孕的过程中，不仅要照顾孕妇的生活起居，陪同孕妇去医院产检，同时也应该懂得照顾她情绪上的变化。怀孕之后，有些女性会变得非常敏感，甚至会控制不住自己的情绪。所以丈夫应该拿出更多的耐心，去陪伴她、开解她，而不是指责她的无理取闹。

一个好的丈夫，在妻子生产之后，不仅要照顾刚刚出生的婴儿，同时也要

更加注意产妇的情绪。有很多女性在刚刚生完小孩之后，会产生巨大的压力，她会不知所措，想要把世界上最好的都给她爱的孩子，却又因为现实无法做到而感到伤心难过。所以丈夫应该时刻关注妻子的情绪变化，切莫要因为自己的疏忽让她患上产后抑郁症，造成不可弥补的伤害。

一个好的丈夫，在孩子的成长过程中，不仅要关注孩子的情感需求，也应该拿出一部分精力关注妻子，她不仅仅是家里照看孩子、操持家务的"保姆"，更是自己的枕边人。除了每个月给家里固定的家用之外，也应该让她感受到自己对她的爱意，肯定她对家庭的付出和辛苦。

案例当中的小谢不过是万千丈夫、父亲的缩影，正如现场的情感嘉宾所言，他过分大男子主义，认为自己作为男人为了家庭在外面赚钱，那妻子就应该承担起家里的所有家务。可如果按照工时来计算，不管丈夫在外面做什么工作，都有下班的时间，都有休息的权力，可是全职妈妈也好，家庭主妇也罢，她们的工作全年无休，尤其是当孩子还在哺乳期间，那更是二十四小时全天候的工作，其中的艰辛更不用说。

小谢并不是不爱他的妻子和孩子，也不是不在意，但他就是没有意识到小刘为什么总是脾气暴躁、满腹牢骚、疑神疑鬼。曾经有人说过，一个男人的爱能够让女人重拾魅力，也能够摧毁一个女人原有的温柔。所以要理解她种种变化背后的原因，才能真正解决家庭中的矛盾。

✿爱情感悟："丈夫"和"父亲"两重角色同等重要。

女性经过怀孕生子之后，因为各方面的因素会导致她陷入自己的思维和情绪之中，很难走出来，所以才会有那么多人患上产后抑郁症。有些女人能够进行自我调节，再加上家人的关心和爱护，可能症状并不明显；有些女人则会因为家人的忽视、照顾孩子的重担，让她们越来越封闭自己，最终变得脾气暴躁、敏感多疑，甚至成为丈夫眼中不可理喻的女人。

在这个特殊的时期，家人的关爱和重视对她们而言是最宝贵的，不仅能够支撑她熬过身体极为不适的月子期，也能让她的内心对未来产生无限希望。但说起来容易，做起来却很难，因为他们无法体会女人在这个时期中的身体不适。最关键的就是要让伴侣认识到这一点。

有很多具有"大男子主义思想"的男人总是认为带孩子、做家务都应该是女人分内的事情；而女人往往也会采取"默认"的态度，比如她们会认为男人照顾孩子太过粗心，又或者还得看着丈夫如何照看孩子更累心，倒不如自己动手。于是就导致了最终丈夫放手不管，妻子只好事事亲为，但内心满腹抱怨的恶性循环。

其实，照顾孩子本身虽然辛苦，却是拥有非常强烈的幸福感的时刻。给孩子第一次换尿布的手忙脚乱、冲奶粉测量温度的谨慎、拿着玩具逗孩子开怀大笑的满足……这些并不仅仅是只有"母亲"这个角色能够体会的，"父亲"同样如此。

所以，作为妻子，应该鼓励丈夫一同照顾小孩，不仅能够让他拥有这些世界上最珍贵的回忆，增加他作为"父亲"的责任感，还可以让他充分体会到照顾一个新生儿的辛苦，更能理解妻子为家庭、为了孩子所付出的辛劳，以及承受的压力。只有这样，一个男人才能做好一个丈夫、一个父亲。

第二节　家庭、事业该如何取舍？

　　家庭和事业是人生最为重要的两件事情，它们几乎充斥于每个人生活的全部，但同时它们也像是两股力量在不停地牵扯我们的精力。如果将家庭和事业放在天平的两端，有的人会选择将更多的精力放在照顾家庭上，也有的人会选择将大部分精力放在事业上，但这种选择并不是个人的，还要和伴侣达成一致。这一点很多人都忽略了，从而导致了婚姻中出现了各种矛盾。

　　不可否认，当一个人拥有了伴侣和孩子之后，他身上的压力会徒增，会更多考虑现实方面的因素：他和伴侣双方的收入是否能够维持家庭的日常开销、是否能够给孩子提供更好的教育条件、是否能够应对去照顾双方老人等。压力大，再加上负担重，就会想着多赚点钱，多去奋斗；可同样，家里的事情也是一种无形的压力，要操持家务、照顾小孩，等小孩上学后，还要辅导他做功课……

　　想要多照顾家里，就只能放弃在事业上的追求，反之，想要事业上有所突破、有所得，就必须牺牲陪伴家人的时间和精力。解决这个问题最关键的一点就在于两个字——"平衡"。

你的强势让我无所适从（节目日期：2016 年 4 月 7 日）

主人公：彭先生（男，37 岁，来自湖南，技术员）＆谢女士（女，32 岁，来自湖南，客服）

保卫战主题：男方觉得自己在家里没有地位，女方觉得男方带孩子"别有用心"，坚决要把宝宝带回娘家。

　　彭先生和谢女士谈恋爱之后，谢女士的母亲和其他亲朋好友都非常反对，因为彭先生家庭条件不太好，父母早亡，而且工作也不太好，只是在厂子里做技术员，每个月的薪水只有两千多元，谢妈妈担心他根本就没有办法支撑起这个家。但谢女士觉得彭先生对自己一心一意，虽然挣钱不多，但自己也可以分担养家的重任啊。

　　为了能够结婚，谢妈妈给彭先生制定了三条约定：第一，结婚之后家里的事情必须都听谢女士的；第二，谢妈妈有什么要求也必须同意；第三，如果双方离婚，男方必须净身出户。看在彭先生很有诚意的份上，谢妈妈终于同意将女儿嫁给他，但心里还是不太乐意，甚至和谢女士说："到时候我看你们怎么离婚。"

　　因为母亲的不看好、不祝福，所以谢女士很担心自己今后真的会如同母亲所说要离婚，于是在结婚之后，她对彭先生就有诸多要求：第一，每天下班后必须马上回家，不能私自和朋友聚会；第二，不能和厂子里的女同事有过多的接触；第三，每次发工资后必须如数上交；第四，每天必须等谢女士回家之后才能睡觉。对于前三点，彭先生都觉得是可以的，但对于最后一点，他实在无法坚持。

　　最开始，因为彭先生的工作不好，彭女士将他介绍给自己的姨夫，让他到

姨夫的厂子里工作，可以多赚点钱。可没想到彭先生到了厂子里之后并没有好好工作，有一次因为累了在厂子里睡着了，气得姨夫立刻开除了他，并且指责谢女士怎么介绍这样的人来厂子里工作。彭先生只好又到其他厂子里继续做技术员，每个月的薪水仍然只有两千块。

本来家庭的担子就很重了，既要还房贷又要还车贷，尤其是在有了宝宝之后，经济压力越来越重。看着彭先生每个月只有这么点钱，谢女士非常着急，所以她将所有时间都用在赚钱上，不仅做客服工作，还额外做微商、司机等工作，只为了能够维持家里的日常开销。为此，她每天早上七点就要出门，回到家里都得要晚上十一二点，非常辛苦，也让她有很多委屈和抱怨想要和老公倾诉。可是彭先生每天下班之后就要照顾孩子，收拾家务，也很辛苦，很多时候都不能等谢女士回家之后才休息，即便是妻子回家了，他也没有多余的精力去倾听妻子的委屈。为了这件事情，两个人争吵了无数回，女方甚至在不顺心的时候，对丈夫动手。

谢女士觉得，自己这么辛苦，甚至是在外面受气，都是为了操持这个家，回到家里想要得到老公的安慰、温暖，好让她有继续出去"奋斗"的勇气。可是彭先生同样觉得自己很难受，妻子的强势他很理解，也能明白她的辛苦，可妻子却并不理解自己在家里带孩子有多么辛苦，他同样也需要去工作，也很想替妻子分忧解难。

压倒了谢女士的最后一根稻草是孩子，因为平时谢女士并不带孩子，所以孩子跟她并不太亲。有一天晚上，谢女士回到家后，想要抱抱儿子，没想到一岁半的儿子竟然大哭不止，甚至用手抓她的脸，不让她靠近。谢女士觉得，一定是丈夫在家里带孩子的时候，跟孩子说了些什么，才造成孩子跟自己不亲。于是，她就抱着孩子回了娘家，让自己的母亲帮忙带孩子，甚至拒绝彭先生来娘家看望。

两个月没有见到儿子的彭先生觉得实在无法忍受，坚决要让谢女士带着孩子回来，可谢女士却强势拒绝，最终只好来到了《爱情保卫战》的舞台上……

　　资深媒体人阿檬：我特别想问问女士，你当初看上男士什么了呢？女方说当初男方对自己是一心一意的好，什么事情都首先想到她。阿檬说，刚才你提了很多真心，其实表现你内心是很缺爱的。其实你和我说话的时候是很温柔的，但和先生说话的时候就那么声色厉荐，所以我说，谈恋爱跟打拳击一样，找到适当的对手才能有更精彩的表演和更好的感情生活，你们两个级别相差太大的时候，你就不由自主地扮演了男性，如果你先生是个阳刚气十足的人，你的女性温柔就流露出来了。对于他，你内心是很矛盾的，你既看不上他但又需要他。孩子和你不亲，并不是父亲在其中起到了坏作用，是因为孩子需要陪伴，刚才在台上你和他对话的时候我们就感觉这是一个男人，在这样的家庭里，孩子就会觉得没有母亲，最后你的孩子就会像他一样。所以我希望以后你能为了你的孩子学会尊重他，让儿子知道男人的尊严是什么样。

　　心理专家于际敬：家暴肯定是不对的，在婚姻生活当中家暴的情况无外乎是几种：第一种，有一方经济条件比较低微，所以代表了一种从属关系。当然，女方会觉得自己付出多，腰板就硬，口气就大了，无外乎就是觉得自己已经很累了，发泄一下有什么不可以呢？第二种，其中有一方性格比较软弱，比较容易妥协，恰好男方就是这样的人；第三种，双方，或者是施暴的一方，性格有些扭曲，我说的就是女方。我为什么会这么讲呢？一个爸爸会教唆自己一岁多的孩子来反抗你，这怎么可能呢？你天天不接触孩子，孩子当然跟你就不亲，你却在心里演绎出另一个版本，导致你心里更加委屈。或者从另一个角度来讲，我给你下个判断，你误会了他很多的用心，按道理来说他的阳刚之气不足，你鼓励他，他的阳刚之气就会有所增长，但你偏偏采用了打压他的方式，造成了他越来越弱。还有一点是你需要非常注意的地方，不要当着孩子的面发生争吵和家暴，你看你对你老公动手的时候，平日和你不亲的孩子都知道跑来抱住你的腿来讨好你，你实施家暴的对象不仅仅是你的老公，也包括你的孩子，今后他也会像你老公那样懦弱。对男方也要说一句，退让不代表爱，有时候也要适当地坚持一下自己的原则和底线，你对一个人无原则的好，也就等于培养出一个对你肆无忌惮的行为。

爱情导师涂磊：我问女方，你觉得以你们两个人的条件，如果离婚了谁会比较容易再找到新的爱情？女方回答说，按我以前的身材当然是我了。（女方生产完比较胖）涂磊继续说，和你的身材无关，我相信在场所有的人对你的印象都发生了很大改变，开始上来的时候想揍你，听你说完又有点怜悯你，后来竟然发现你有点可爱。我会这样来形容你，爱憎分明，喜怒无常，色厉而内荏，真实却不真诚，总有一天会成为孤家寡人。首先说你爱恨分明，你看你的口头禅“我要保护他”，我认为这是真实的爱，但你每次说那些瞧不起他的言语的时候，你也是真的咬牙切齿；第二，你喜怒无常，你一会儿是咆哮着，一会儿又马上噘嘴。为什么你会这么喜怒无常呢？我认为是因为在生活中你需要立刻在男人和女人之间进行角色转换，因为这个男人太弱，所以你必须像男人一样去生活和工作，但是装男人装得太久，女性的需求就流露出来，你也渴望被呵护，所以在你身上体现的就是暴怒和委屈。你一定时常有这种感受，当你折磨了他之后，内心也很愧疚，而且你肯定也会想，只有这个人才能这么忍耐我，我又疼他，可又无法控制自己，所以这样的恶性循环就在加剧。真实却不真诚，真实是什么，就是把我所有的优点和缺点完全暴露在你面前，但我不改，这叫不真诚。你色厉而内荏，是因为你内心十分恐惧，害怕他离开你，你打他也好、骂他也好，都会想着是为了他好，但你爱他、疼他也是真的，长此以往，没有人会愿意待在你身边。坦率地说，如果他对你也用这种方式，你能接受吗？可悲啊，一个女人，孩子和这个有奶的娘不亲，和没奶的爸那么亲，恰恰说明这段时间你对老公做了些什么。你所有的言行我都能理解，但唯独有一种我不能理解，就是你刚才说"你看，他只能挣两千块，你看，他就是个山沟沟出来的。"这就显出一种嫌弃，既然你也坦言不后悔爱上他、嫁给他，你可以恨他，可以爱他，但怎么能瞧不起他？如果有一天你成为孤家寡人，你的丈夫和孩子离你而去，你不要觉得奇怪和委屈，因为这一切都是你自作自受。

❀ 黄金60秒

彭先生：老婆，我希望你的性格能够改一下，把孩子接回来我们一家三口好好生活。

谢女士：回去之后我会和我妈妈说，把那些条约都废除，只要你能跟我多沟通、多聊天，不要对我有抱怨，我会把孩子接回来。

彭先生：只要你改一下，我对你没什么意见。

谢女士：我以后也不会动不动就打你了，我一定会改的。

彭先生：老婆，其实我还是爱你的！

谢女士：那你过来亲我一下。

彭先生立刻走过去，亲了谢女士一下。

战争结果：两个人重归于好，女方也意识到了自己身上的问题，并坦言根本就舍不得自己的丈夫。

❀ 小编点评：孩子更需要一个和谐的家。

不可否认，生活之中总会出现各种各样的问题困扰着平凡的你和我，其中最明显的就是生存压力。有些家庭有着比较好的经济条件，自然会过得比较轻松，也有很多家庭在为了过上衣食无忧的日子而奔波着。

案例当中的彭先生和谢女士所面临的生活压力只是一个缩影。谢女士不是不愿意陪在孩子身边，也不是不愿意和丈夫过安稳日子，可是她内心里充满着对现状的焦虑：孩子在不断成长，家里每个月的开销不断增加，可是彭先生每个月只赚那一点固定工资，根本不足以应对生活压力。不得已，她只好放弃陪伴孩子的时间，整天在外奔波，满脑子想的都是怎么能够多赚一点钱，怎么给孩子提供更好的环境。

可是她的想法实现了吗？她变得暴躁，因为她内心觉得不公平；她变得易怒，因为她被生存压力磨砺得已经失去了女性的温柔；她变得强势，因为她觉得丈夫窝囊，没有出息。夫妻二人在家里总是争吵，甚至还会大打出手，因为他们之间的矛盾，现在更是让孩子失去了爸爸的陪伴……

而他们并没有意识到夫妻间的矛盾与争吵给孩子会带来什么样的影响，总是一厢情愿地认为，现在孩子还小，不懂得这些。可如果他们之间永远不能正视生存压力带来的种种问题，这样的争吵会伴随孩子整个童年。

生存压力并不是只有他们会遇到，每个人都会遇到，可我们并不能被这种压力击垮，更不能因此就变得歇斯底里，而是应该调整好自己的心态。一个好的心态，能够把原本辛苦的日子过得比较轻松，当孩子逐渐长大，也会耳濡目染地学会这些，这才是一个家庭最应该教给他的，而不是那些物质上的东西。

每个人的成长过程都带着他原生家庭的重大影响，为了孩子，也应该学会克制、学会调整心态、学会积极面对。为了家庭不断奔波的妻子，可以尽量抽出一些时间陪陪孩子，和伴侣聊聊自己的烦心事，适当展现一下女性柔软的一面；为了照顾家庭劳心劳力的丈夫，可以把家里的琐事变成甜蜜的负担，适当说一些甜言蜜语。双方为了彼此都退一步，生活已经充满了各种磨难，又何必让心爱之人成为自己的情绪发泄桶呢？

家庭和事业必须选择其一（节目日期：2016年3月3日）

主人公：王先生（男，31岁，来自山东，销售经理）& 胡女士（女，26岁，来自山东，舞蹈教练）

保卫战主题：女方生完孩子后一心扑在舞蹈事业上，忽视了家庭，丈夫内心很多抱怨。

　　王先生和胡女士结婚之后很快就有了宝宝，正好这个时候胡女士的舞蹈工作室刚刚开始组建，为了培育队员们对工作室的信心，她没有告诉队员自己怀孕的事情，还是按照往常那样排练舞蹈，结果队友们一个不小心，她就摔倒了。直到这时队员们才知道她怀孕的事情，立刻将她送到了医院，医生告诉她她现在有先兆流产的征兆，需要卧床休息。

　　王先生就要求胡女士必须安心养胎，但一心想着工作室的胡女士整日抱着手机，不是和队员们在微信上进行沟通，就是和客户洽谈合作。一个月之后，她就迫不及待地回到了工作室。原本觉得恢复了一个月了，妻子的身体应该好一些了，王先生虽然不太愿意但也勉强同意了，只是要求胡女士必须注意自己的身体。

　　可让王先生没想到的是，没过多久，胡女士再一次见红。原来，队友们得知她怀孕之后，很多事情都不愿意让她去做，但这一次，有一个舞蹈动作他们怎么都做不好，心急的胡女士就上去亲自做了示范，没想到动作过大导致动了胎气，并且见了红。王先生觉得自己根本就劝不住妻子，干脆就让岳父、岳母来"教育"她。在双方父母的压力之下，胡女士终于同意一周只上三天的课。

好不容易熬到了孩子出生了，也马上就要出月子了，胡女士坚持要出去，结果不小心将骨盆摔裂了。因为受了伤，她躺在床上喊了几声疼，但没想到王先生却指责她，如果要是早听他的话，就不会出这种事情了，没有半点的安慰。

出了月子之后，胡女士就开始继续忙着自己的舞蹈工作室了，并且将喂养宝宝的重任交给了王先生。虽然也有自己的工作，但王先生不得不放下手里的工作，和合伙人请了几个月的假期，开始了自己的"超级奶爸"的工作。因为宝宝喝母乳，平时胡女士都是将母乳备好，放在冰箱里，有一次，王先生打开冰箱，发现里面没有母乳了，宝宝又不喜欢喝奶粉，他只好抱着宝宝去胡女士工作的地方找她。当时胡女士正好刚刚演出结束，看到哇哇大哭的孩子，第一反应不是孩子饿得都哭了，而是觉得孩子的哭声会影响后面的演出。

不仅如此，胡女士在应酬的时候，也常常会喝酒，所以回家之后就不能母乳。因为这些事情，两个人常常发生争吵：胡女士觉得自己虽然一心扑在舞蹈工作室上，但也是为了赚更多的钱去抚养孩子，而且舞蹈是自己的梦想，不想轻言放弃；但王先生却表示，自己的事业完全可以让她成为全职妈妈，而且现在自己做了几个月的"超级奶爸"，公司的合伙人已经是有很多怨言了，所以他提出要妻子回归家庭，由他来承担起赚钱养家的重任……

丘比特问卷专家妙语

导演郭靖宇：首先要肯定男方是一位特别值得尊敬的父亲，其次也要肯定女方是一位特别值得尊敬的母亲。我和杨志刚从小成长在剧团，所以很多舞蹈演员的经历我也都了解，二十六岁就创办了自己的舞蹈工作室，还是一个九个月大的孩子的母亲，已经非常了不起了，所以要坚定决心，你的事业不可以放弃。能够有机会去做事业的女人千万不要放弃，男方应该理解太太，我知道你现在心里有很多抱怨，但实际上这些抱怨都是幸福。其实你现在的困境完全是可以用自己的智慧去解决的，双方父母不能帮你们照顾孩子，你要开发这种资源，是否能够找一个阿姨来带孩子呢？如果不放心外面找的，是否可以从亲戚家中找个合适的人来帮忙呢？这样一来，不仅解决了自己的困境，还解决了别人的就业问题，在孩子成长之后，她不光对自己的父母有感恩之心，还有其他另一个很亲的人。

演员杨志刚：男方不只是一个好丈夫，还是一个好父亲，他字里行间都流淌着对这个女士的爱，永远在说怎么不知道照顾自己的身体，我们都能感受到其中的温暖。我自己因为拍戏，连续两年没有回过家，没见到自己的孩子，我觉得能够回家陪伴孩子是世界上最幸福的事情，而男嘉宾您每天都在享受着天伦之乐，这是我们所羡慕的。

爱情导师涂磊：我前两天尝试了一把喂奶的感受，我的女儿在我胸口嗷了一下，非常疼，所以喂养孩子是一件非常辛苦的事情。的确，和孩子在一起是非常快乐，我愿意为她付出一切，但真正做起选择来，把工作全部扔掉去专门带她，这话问我，我肯定也做不到。舞者，是一个职业的角色，母亲，是一个人生的角色，母亲之所以伟大，是因为母亲付出太多，而一个舞者之所以伟大，是因为她把汗水都挥洒在舞台上，但总有这两个角色相冲突的时候。坦率地说，我佩服你，但有些地方我仍然要责备你，你怎么能在怀孕五个月的时候还在台上跳舞呢？如果这个孩子没了，你会后悔一辈子！一个女人从怀孕开始，不能用化妆品、不能乱吃东西，生了孩子之后在哺乳期间也不能乱吃东西，想吃的不能吃、想玩的不能玩，甚至连逛街都不能跑太远，这无疑是痛苦的，这也恰恰是女人的伟大之处。带孩子应该是夫妻双方的事情，但是在哺乳期间，母亲的责任更为重大，你既然要了女儿就必须为她负责任，所幸的是她生下来没有

问题，否则的话你真会后悔终生。我也很赞成郭导的话，有事业的女人一定要坚持下去，因为就是自古以来，太多的女人为了孩子放弃了自己的事业，结果带大了孩子，老了自己，丈夫却跑了。今天这个案例恰恰颠倒过来，让所有男人感受一下，在家里天天带孩子是什么样的感受，扪心自问，这个事儿放在所有人身上也难两全，就像我老婆说我那样："你不要说得那么好听，奋斗都是为了孩子，其实你也是为了职业给你带来的光环，不要动不动都说是为了咱们俩，我只相信那是其中一部分。"到目前为止，既然女方你说放不下自己的事业，就得承认在职业和母亲这个角色当中，你的天平是倒向了职业化角色，而他对孩子付出得更多，事已至此，你就要多多地补救，感谢他在这个时候的付出。所有的付出一定会有回报，跟女儿相处的所有快乐，很多男人其实体会不到。在事业上男人可以成为长青之树，女人只有短暂的那些年，就继续做一个优秀的丈夫吧。

🌸 黄金60秒

王先生：我真的希望你能够回归家庭，把大量的时间放在家庭、放在孩子、放在我身上，把你的工作先放一放，你可以找个人给你带着，尽量把重心放在家里。

胡女士：我知道你都是为了我好，你为我付出了那么多我都明白，但我希望你能支持我，让我实现我的梦想。

王先生：我是真的受不了了，压力太大了，我也有工作也有事业，希望你也能理解理解我。

胡女士：但是我工作室走到这一步，放弃真的太可惜了，我想坚持，我希望你也能理解我。

王先生：你再考虑考虑吧，我真的希望你能回来。

战争结果：两个人选择和平解决事业和生活的矛盾，甜蜜地生活下去。

✿小编点评：事业是梦想，但孩子同样是责任。

　　工作，对于每个人的意义并不相同。有的人将工作看成是生存的本领，每天朝九晚五上班，为的就是能够赚到钱过上幸福的生活；有的人将工作当成一辈子的事业，是他内心中不容亵渎的梦想，他们可以为了梦想放弃一些别人眼中比较重要的人和事。案例当中的胡女士恰恰就是后者，而王先生则希望妻子是前者，所以他们之间出现了种种矛盾。

　　婚姻和恋爱不同，有了孩子和没有孩子不同，如果他们还没有结婚，又或者还没有宝宝，相信两个人之间的矛盾也不会这么不可调和。当孩子出生后，如何平衡照顾孩子和成全梦想应该是胡女士首先要考虑的问题。

　　虽然涂磊老师在场的时候说，要让男人尝尝女人在家里独自照顾孩子、操持家务的苦，但实际上，在照顾刚出生的孩子的过程中，母亲的角色不可或缺。假设一下，如果胡女士始终不能放弃她的舞蹈工作室，保持这种忙碌的日子，王先生选择了回归家庭，那日后的生活又会变成怎样呢？

　　其实这不过就是"每个成功的女人背后总会站着一个默默付出的男人"的故事，但如果站在孩子的角度考虑呢？那就是从"妈妈去哪儿了"到"世上只有爸爸好"的过程。等到她事业成功之后，有些事情就变成了此生不可弥补的缺憾。胡女士总是说现在是工作室刚刚创建的关键时刻，希望丈夫能够给她一些时间，可是孩子的成长却是不会因此而停止的，只会一天比一天需要父母的陪伴。王先生真正担心的也并非是说妻子整天在外面奔波，丝毫不顾及家庭，其实他更担心的是这种日子遥遥无期。

　　在面对问题的时候，尤其是照顾孩子的问题上，应该有更多的沟通和商量。孩子是每个人都不能逃避的责任，不能因为事业就放弃他。如何在事业和孩子之间做一个平衡，是每个人都需要考虑的问题，更应该就此和伴侣达成共识。

❀爱情感悟：不要借口工作繁忙，就施行"丧偶式教育"。

现如今，有一个名词叫作"丧偶式教育"，非常形象地表明了照顾孩子只依靠父母中的其中一方，而伴侣则成了"隐形人"的现象。这绝非是个例，而是非常普遍的现象。

无论是传统的男主外女主内，还是像前面两个案例当中的女主外男主内，都是其中一方负责在外打拼，另一方承担起了操持家务、照顾小孩的责任。在外打拼的人回到家里总会说，我为了这个家在外面做了多少事、受了多少累，回到家里还不能休息休息吗？于是他们就心安理得地享受着另一方的付出，即便是早回家了，也不会照顾孩子，反而玩着自己的游戏。

"丧偶式教育"对儿童成长的不利无须多说，每个孩子都需要父母双方的陪伴，因为父母能够言传身教的东西有所区别，所以每个人都不可或缺。的确，面对生存压力、面对事业抉择，时间和精力就会变得格外珍贵，有很多时候不是我们不想，而是真的太累。就像案例当中的两位女性一样，她们是真的从心里愿意放弃和孩子相处的时间吗？所以这就需要用成人的智慧去解决。

常在外奔波的人，对外，需要梳理工作条理的能力、需要分清主次的判断力；对内，则需要学会如何与伴侣沟通、消除他的负面情绪。

承担家务的人，对外，要懂得理财的重要，要多接触社会；对内，则要懂得示弱，能够有技巧地和伴侣沟通自己的不快和压力，而不是一味地抱怨。

无论多忙，都需要抽出时间照顾家里，即便是没有办法做很多家务，或者是辅导孩子功课，也要抽出时间陪伴家人。哪怕每天只有晚上陪伴一个小时，也能消除夫妻二人之间的隔阂，也能增长和孩子之间的感情。

第六章

二婚，是情感的重新选择

第一节　不要让感情活在过去的阴影里

离婚，在现在是非常普遍的现象，有很多人都曾经历过失败的婚姻，成为"离异大军"中的一员。婚姻的终止，并不代表着情感道路的终止，在经过离婚的低潮期之后，我们还是重新开始一段感情。

可此时我们对感情的态度发生了巨大的变化，不会像上一次那样全身心投入，因为我们害怕受到伤害，害怕再成一场空，甚至害怕听到承诺。

适当的谨慎是需要的态度，但过于谨慎往往会给彼此内心造成很大的压力，同时也有可能会错失爱情。

不再许下未来的爱情还值得坚持吗?（节目日期：2016 年 4 月 20 日）

主人公：安先生（男，32 岁，来自唐山，房产中介）**& 小张**（女，22 岁，来自唐山，待业）

保卫战主题：男方因为曾经离异不敢给对方承诺和未来，女方要求必须给自己一个说法。

安先生原本有过一段失败的婚姻，和前妻在一起六七年的时间，但最终还是以分开而告终，所以离婚之后他专心于事业。

小张刚刚毕业，为了帮朋友找房子，就认识了做房产中介的安先生，当时安先生非常用心，为她朋友找到了一套非常合适的房子。小张觉得安先生工作特别用心，对他就很有好感，于是请他吃了几顿饭之后，就开始追求他。

安先生也被这个单纯的女孩打动了，两个人如愿走到了一起。可在一起之后，很多现实的问题都摆在了这对相差十岁的情侣面前，让他们矛盾重重。

安先生经历了一次失败的婚姻，对于感情他内心中充满了悲观，尽管他很爱小张，但是却不愿对她许下一个未来。每一次，小张提出要让他带自己见见他的朋友的时候，他总是推三阻四，要么说他的朋友年纪都比较大了，和小张根本聊不到一起，要么就是说他的朋友喝完酒后总是乱说话，怕惹得小张不开心。小张退而求其次，要求让他去见见自己的朋友，对此安先生就更不愿意了，他觉得小张的朋友都是一群刚刚走进社会的小孩子，在他们面前，自己就像是个"大叔"一样。

在两个人刚刚开始交往的时候，小张就告诉父母自己的男友是一个离异的、比自己大十岁的男人，他对自己非常好，虽然父母心里多多少少都有些嘀咕，但碍于小张坚定的态度都不再多说什么，只是提出先见见安先生再说。可是安先生却对见父母这件事情非常抵触，原来他和前妻在交往的时候就遭到了前妻父母的反对，两个年轻人因为爱的冲动贸然结婚了，结果显而易见，正如前妻父母所说他们还是分开了，所以他很担心，生怕这一次也会遭到小张父母的反对。

除了见父母、见朋友之外，让安先生感到非常犹豫的还有另外一点非常重要，那就是经济压力。现在小张刚刚步入社会，还没有找到合适的工作，而安先生自己也需要还贷款，他认为自己完全没有经济基础，希望让小张再给他一年的时间去拼搏事业。

小张心里也很彷徨，她知道男友压力大，但她同样也想得到一段被人祝福、被人认可的爱情，不愿意这一段爱情就好像是在偷情一样见不得光，她想要和爱人并肩走在阳光下，想要和爱人携手为了未来去奋斗，可安先生始终不能理解她的这番苦心，反而认为她在逼迫自己。

丘比特问卷专家妙语

　　情感嘉宾马丁：男方，你口口声声你是为了女方着想，这种话听起来你是特别负责任，是为对方考虑，可是细一琢磨，怎么觉得你那么不负责任呢？如果我和一个女孩说，你别和我在一起啊，我给不了你未来啊，你怎么还要坚持呢？那算了，我们在一起吧。你这叫什么？叫敢做不敢当！你以一个富丽堂皇的借口，因为我无法保证未来所以我不能公开你的身份，你用你的借口把女方架在那了，然后姑娘还因为得不到名分在后面追着你，你这钓鱼手段真是太高明了。如果你真是一个堂堂君子，你就别钓这个鱼；如果你钓到了，鱼都和你回家了，你就别和别人说我没钓着，这叫表里不如一。男方解释说，自己不是这样想的，也不是这么虚伪的人，坚持认为自己对女方是好的。马丁继续点评，虚伪就虚伪在这，你总摆出一副我是高尚的，我是对你负责的，所以现在我不能给你名分，这叫什么事儿？女方，越得不到什么什么就越好，给不了你名分你就特想要，给了你你就能守住这个男人？一个连自己女友都不敢承认的男人，叫有责任感吗？你醒醒吧！

　　情感嘉宾瞿玮：每个人，不管他多大，他都要为自己的行为去负责任。男方说自己负责任啊。瞿玮说，不够，或者说你把自己的经历，和自己需要担负的责任给扭曲了。就比如说，你现在这种心理我们无法理解的，可能是和你过去的经历有关。因为你有过一段失败的婚姻，而那段婚姻恰恰发生在你二十出头的时候，当时有很多事情你不懂，现在你要为你所做的那些错误的事情承担责任，正是因为有过这样的经历，所以现在你试图想让自己成为别人眼中负责任的人，至少在你父母面前，至少在女方面前，你想让自己成为一个有担当的男人，包括在自己周围朋友的眼光中。你生怕别人说你是在欺骗这个女孩的感情，但是你想想你做的事情，却都是在做不负责任的事情，你怕别人认为你不成熟，你怕别人觉得你又是在重蹈覆辙。我是可以有点明白你做事的初衷，但你做的事情只能说事与愿违，你伤了所有人的心。如果你直截了当跟女方说我不爱你，你走吧，没准人家真的就走了，可你偏偏要做着让人感动的事情，你让女孩如何取舍呢？想离开你，你却又真情告白，说爱她；想和你在一起，你却始终不肯给她名分，这个名分还仅仅是男女朋友这个简单的事情。有什么不敢承认的呢？男方说，因为只要见了父母，父母一定会问什么时候准备结婚，他的父母都是农村种地的，已经为他操持过一次婚礼了，但是自己不争气，导致离婚，他现在不愿意再让父母拿出养老的积蓄为他忙活婚礼，想通过自己的努力去给女方未来。瞿玮继续说，我明白你的意思，你是认为你上一段婚姻就是因为见了父母、很快结婚，但最终离婚的经历，所以现在想要放慢自己的脚步，希望把事情都考虑周全了，但是实际上你做的事情真的是考虑周全了吗？我们对感情负责讲究的不是说想快就快，想慢就慢，而是做快了的事情就要去承担做快了的责任，你必须要和女孩说清楚，另外难道你错过一次，就一定会错第二次吗？你很怕，但实际上女孩更怕，你要做的就是让女孩不那么害怕，要让她有安全感，同时你们两个人应该一起商量这个事情应该怎么去做，不能是你一个人说了算。其实，我觉得你想太多了，父母去见一下，又能怎样呢？靠谱不是别人认为的，你现在自认为很靠谱，但在场的我们都觉得你很不靠谱。做人啊，要对得起自己的良心，对得起对方给你的爱，对得起了，你就是靠谱的。

爱情导师涂磊：姑娘，如果一个曾经因为冲动有过一段失败婚姻的男人，真的是因为害怕再一次冲动会导致双方的不幸的话，他在跟你最初交往的时候就会和他为客户找房子一样，十分慎重；如果真是因为冲动而后怕的男人，他会百般地警醒自己，也会警醒你，在生活当中你们会更多交往、更多了解，会更加慎重地发展彼此之间的每一步。但事实上情况并不是这样，爱一个女人，最重要的一点就是承认她的存在，这是男方你唯一能够做到的。如果你口口声声说我对你愧疚，我没有这样的经济实力给你更好的未来，我们得慎重交往，那么你现在唯一能够给她的是承认她的存在。掩耳盗铃的最终结果是自己内心有鬼，或者是内心自卑，而且姑娘也没有要求太好的生活，况且她没有逼婚，只是想要在众人眼里一个合法的称呼，就是你的女朋友，你不承认吗？所以说一个很简单的事情，非要把自己包装得无比高尚，你今天所有的话都伤害了她。和这个女生说，如果一个男人要堂而皇之地以"为你着想、为你考虑"为由，不肯承认你的存在，那对你来说是莫大的侮辱，你应该好好考虑你自己的尊严何在。

✿ 黄金60秒

小张：来到这里我就是想有一个能够留在你身边的名分，见了家长，咱们能够进一步下去。我不是那么物质的人，咱们在一起这么久你应该了解我。我就是要求见父母，在你身边的家人和朋友知道有我这么个人存在。

安先生：我不想再一次因为冲动重蹈覆辙，我感觉现在还不是时候。

战争结果：两个人都选择了离开，放弃了这段并不成熟的爱情。

✿ 小编点评：想清楚自己最需要什么，再重新开始。

一个离异的人，想要重新开始一段感情并不是容易的事情，但更不容易的是他愿意为这段感情负责。这并非是安先生一个人的问题，而是很多人内心的真实想法，相比于没有经过婚姻的人而言，他们考虑的问题更多一些，也会更谨慎，但并不意味着他们这样做是为了周全，也有可能是因为胆怯，甚至是不

想背负责任。

每次小张开口说想要融入安先生的生活圈子里的时候，安先生第一反应不是喜悦，而是觉得恐惧，因为他在心里已经给他们之间画上了泾渭分明的界限。小张只能够在界限之外和他谈情说爱，一旦想要突破这条界线，就是在入侵他的安全领地。

相信安先生是喜欢小张的，也享受着女友带来的甜蜜爱情，可为什么他不愿意再前进一步呢？甚至连承诺都不愿意做呢？

其实答案非常简单，因为他最想要的就是这样的感情，能够没有任何负担。对于安先生而言，他其实并没有真正做好开始新感情的准备，至少是没有走出上一段婚姻的阴影，更没有想要再一次步入婚姻。

爱情本身就是如此，它并非是等待我们做好充足准备之后才悄然而至，也许在某个接触的瞬间，爱情就悄悄埋下了种子。但是作为一个已经有过婚史的男人，并且安先生离婚也有基础不牢固、过于草率的原因，他就更应该知道，想要开始一段新的感情不能过于草率。

从刚开始认识时的接触，到彼此之间有了朦胧的好感，再到两个人确定自己的心意，这中间所经历的时间，足够让安先生做出成熟的决定。可是他并没有吸取上一次情感失败的经验，以同样草率的态度开始了新一段感情，所以才有了现在的再一次失败。

✿**爱情感悟**：谨慎对待婚姻，但不能止步不前。

离婚，是一段感情的结束，很多人在经过一段时间的调整和疗伤之后，能够从原先的情感创伤中走出来，重新开始新的恋爱。可如果想让这段爱情开花结果，却比未婚者要困难很多，这种困难是双重的，一方面是因为外在因素，另一方面是内在因素。

在这里，我们只说内在因素。

任何一段感情，无论是因为什么原因导致双方关系破裂，都会成为心里难以言说的伤疤。有的人能够调整好自己的心态，并且从上一段感情中得出一些感悟，让下一段感情避免重复上一段的错误，这当然是最好的结果；有的人能够慢慢调整好自己的心态，虽然有些时候难免还是会受到一些影响，但如果没有触景伤情就不会有太明显的表现，这也是大部分人的正常反应；还有一种人表面上已经走出了上一段情感伤害，但实际上他只是掩藏得很好，可一旦到了关键时刻就会逃避。

他们总会找各种借口，比如说我们要谨慎对待感情、对待婚姻，但是谨慎对待不等于止步不前，更不等于不去面对。谨慎是要在处理感情之前就要经过深思熟虑，是否彼此合适、是否能够接受自己的过去、是否能够承担责任……

现如今有很多离异人士错误地将"享受恋爱不谈婚姻"当成了谨慎对待婚姻的态度，但这并不是对彼此负责的表现，更不是一个成年人应有的对待感情的态度。

真正谨慎对待婚姻的前提，是谨慎对待恋爱对象，其次是谨慎对待两个人之间出现的问题，最终是谨慎对待是否再次进入婚姻。而不是因为上一段婚姻失败，就始终停留在上一段阴影中画地为牢，又或者是遇到了对的人也不敢发展，最终失去了真爱。

第二节　再婚家庭的子女教育

　　当我们决心再一次相信爱情，却突然发现，这一次的"感情"中总是充满着各种显而易见的矛盾，而这些矛盾的集中点竟然是自己的孩子。爱情是自私的，同样父爱和母爱也是自私的，每个做父母的都想要把世界上最好的东西都拿来给孩子，可这样的做法势必会引起伴侣的反对。

　　爱屋及乌，只不过是一句浪漫的情话，当现实照进梦想之后，有很多现实需要我们认真考虑，尤其是涉及子女方面的问题。

　　有些再婚家庭只有其中一方带着孩子，那么是否能够接受这个孩子的存在？而双方在结婚之前需要确定的一点，就是婚后是否要一个属于彼此的孩子？如果要了孩子之后，两个孩子之间如何平衡关系？如果不要孩子，如何让孩子接受新的家人？

　　有些再婚家庭是双方都带着孩子，那两个孩子之间如何相处也成为双方需要考量的重要问题。

　　再婚，不仅仅是两个大人的结合，同样也是家庭中每个成员都需要重新适应和面对的问题，需要引起足够的重视，妥善处理才能重新走向幸福！

爱我就请接受我的孩子（节目日期：2014 年 12 月 18 日）

主人公：小陈（男，24 岁，来自江西，销售）& 小盼（女，29 岁，来自河南，职员）

保卫战主题：女方觉得男方对自己的孩子态度发生了太大的转变，并且逐渐表现出不愿意接受孩子的事实，提出了分手，男方却极力挽留。

　　小盼在年轻的时候有过一段事实婚姻，在老家摆了酒席却没有领结婚证，和前任分开之后独自带着儿子生活。后来在公司里认识了比她小五岁的小陈，两个人关系非常好，就一起投资开了间酒吧。

　　虽然酒吧经营状况并不好，但小陈当时的关心成为小盼心里的温暖。小盼始终想着，想要开始一段新的爱情，就必须让对方接受自己的孩子。最开始的时候，小陈对她的孩子非常好，常常会给孩子买一些玩具，也会带着孩子去外面游玩。在那段时间，孩子敞开了心扉，接受了小陈。

　　可是小陈将自己的恋情告诉给父母之后，他的父母极力反对，并且和小陈说了很多他们的担心。小盼知道自己这种情况让对方父母坦然接受的确非常困难，就想着不如自己登门拜访，给他们留下好印象。于是她买了很多礼品登门，但没想到的是，陈父、陈母将她轰了出去，并且把礼品也扔出了门。小盼很难受，就离开了，小陈追上来解释说，父母只是一时之间没有办法接受，让她再给自己一些时间。

　　听着小陈的安慰，小盼觉得这段爱情还是有盼头的，两个人就继续向父母

爱情保卫战
捍卫你的婚姻

证明，他们很相爱。可是，时间久了，小陈对小盼儿子的态度却发生了巨大的转变，她不知道是不是因为陈父、陈母在小陈面前说了什么，原本对儿子很有耐心的小陈开始因为一些小事对儿子大吼大叫，甚至想要动手打孩子。

有一次，小孩不小心把水洒在了小陈的手机上，这原本只是一件很小的事情，却惹得他大发雷霆，冲着孩子吼了起来。事后，小陈解释说，因为现在自己是做销售的，客户资源是非常重要的，手机里全都是客户的电话，如果手机坏了会很麻烦。

还有一次，小孩在日记里写到了，小陈现在对自己越来越不好，他很讨厌这个男人。结果小陈看到后非常生气，就想要打小孩。小盼却说，孩子虽然小，但心里非常清楚谁对他好，造成现在这种局面的正是小陈自己。

就这样，两个人磕磕绊绊地相爱着，因为看到小陈的确很爱小盼，他的父母也终于点头同意两个人结婚，但是他们对小盼提出了两点要求：一、小盼必须把儿子送回自己的父母家去抚养；二、两个人结婚后，必须马上要自己的孩子。小陈觉得这两个条件都是合情合理的，但小盼认为自己根本无法割舍自己的孩子，所以坚决提出分手。

丘比特问卷专家妙语

资深媒体人俞柏鸿：男方，你坦白地说，你认为你现在已经具备了接受这个孩子的心理准备了吗？男方回答说，做好了。俞柏鸿继续问，那你觉得这个孩子在他的母亲心中占据着怎样的分量呢？男方说，孩子就是她的命。俞柏鸿点评，你说得对，你要接受这样一个女人，你首先要接受她的孩子，而且要视同己出。但是从你对孩子的态度和脾气来看，你并不成熟，你也只是一个孩子。女方，你找的是一个没有婚姻经验的男人，他要先学会做丈夫，同时还得学会做爸爸，但由于他们之间没有血缘关系，男方又这么年轻，所以他对孩子的不满，会实时地表现在脸上、行动上。他认为他能够接受你，但他还是年轻、不懂事，所以像你这样的情况，根本就不适合姐弟恋，你应该找一个比较成熟的男人，能够更加包容的男人。因为你们一旦进入到婚姻状态，所要面临的问题很多：比如你们有了自己的孩子以后，他对你儿子就会更加表现出一种无所谓的态度，到那个时候你怎么办呢？你有一点我非常赞成，作为一个母亲，不能够让孩子受到委屈。

情感嘉宾瞿玮：先问女方一个问题，你现在想要找的是一个爱你的老公，还是一个爱孩子的父亲？如果是二选一的话，你如何选择？女方回答说，我只希望对我的孩子好。瞿玮点评，这其实就你们两个人走到这个地步的原因，要先对我的孩子好，我才可能把我的心扉敞开给你，但恰恰错了。只有找到真正的爱情，这个男人真的爱你，那他也一定会爱着你的孩子，因为他爱你，他也一定知道孩子于你的重要性。毫不夸张地说，现在的社会舆论，给像小盼这样经历过离异、独自带着孩子的女人造成了很大的内心自卑，刚登上舞台的时候，我就在想，这位母亲很漂亮，条件也比男方好很多。为什么有了孩子之后就不能再去寻找属于她的幸福呢？女方正是因为有着这种自卑的心理，所以身边一旦有个人，无论是有心还是无意，稍微有一些举动你就会觉得如何如何，你过于敏感了。就像这位男士，你了解他的，他对你孩子的那种态度，是说他真的就不愿意接受孩子了吗？赵川刚才问你，如果这是孩子的亲生父亲，他因为教育孩子而对孩子呵斥，你还会如此难受吗？所以这是你的问题，你太过敏感了，不要让世俗的压力把自己完全吞没。男方，你爱这个女人吗？因为爱这个女人也会去爱她的孩子，对吗？那就请你拿出自己的行动来，进一步去和父母沟通，不要让自己爱的女人受伤害，这是作为一个男人应该做的！

爱情导师涂磊：其实听着你们两个人之间的争论，我似乎就能看到一些在生活当中的现实状况：一些男人，一旦离异，或者丧偶，一年不到马上再娶；一些女人，离开了婚姻，带着孩子终身未嫁。这一方面诠释着每个人即便是有过婚姻，也可以再去寻找自己的幸福生活，一方面又在讽刺着男人的薄情寡义；一方面在赞誉母性的伟大，同时又在述说着母性的悲哀。所以我们无法评判你们谁对谁错，我想说的是，有一个问题你们可能经常会想，如果没有这个孩子我们该有多好，尽管母亲也很爱自己的孩子，但不可避免地会这样想。所以我觉得问题的核心就在于"爱情不可以提要求，只能自发和自愿"，比如说，男方只能自发自愿地把孩子视如己出，而女方不能提出要求，强迫他必须接受这个孩子，如果你要和这个二十四岁、没有过婚姻经历的男生结婚，凭什么提出他去完成超出他能力范围外的要求呢？同样，女方也只能是自发自愿的因为爱想要为男方生一个孩子，无论条件有多困难，而不是男方家里提出要求。因为你们两个人的情况，和很多年轻情侣不太一样，摆在眼前的没有太多的障碍和问题，可以一路磨合、一路商量、一路犯错、一路携手，你们不行，你们面前就有太多现实的困难，所以必须去面对。如果你们做不到自发自愿地为对方着想，而去对对方提要求来作为彼此结婚的条件，那就算了吧。

❀ 黄金60秒

小陈：小盼，我知道我以前对孩子嚷，是我的不对，请你原谅我，我父母那边我也会尽力去做他们的工作。我对你还是有感情的，请你不要离开我，我还是很爱。跟你在一起，有一种说不出的感觉，就像刚开始在酒吧的时候，有多么幸福，所以我想回到从前。我还是想和你说，我爱你，和孩子……

战争结果：女方仍然选择了离开，男方希望还能挽回。

❀ 小编点评：接受孩子，同时也要完成角色转换。

有很多人在第一段婚姻失败之后，会为了孩子拒绝感情，就是害怕孩子会因此受到伤害；同样，很多人在选择爱情的时候也会尽量避免这种现象，无论是继父、还是继母，都是非常尴尬的位置，稍不留意，就会背上骂名。

可现实中，有很多人在投入爱情以后，才考虑这些会成为感情阻碍的绊脚石，也会因为没有做好充足的准备，让感情陷入僵局。小陈和小盼的案例就是非常典型的一个。

最开始的时候，小陈的确是真心想要接受小盼的孩子，想要做到视如己出，他能够花时间陪伴孩子玩耍，也愿意去做孩子父亲的角色，可是他和小盼都没有正确处理好身份的转变。

孩子的内心世界是复杂而敏感的，尤其是单亲家庭的孩子。

在最开始的时候，小陈的陪伴和耐心让孩子找到了归属感，可成长过程中除了陪伴之外，教育也是非常重要的一方面。小陈愿意像孩子的父亲那样去管教他，希望孩子能够知道自己在哪里做错了，但他没有意识到，并没有在孩子的教育问题上和小盼达成共识，所以他的所作所为在小盼看来就是在嫌弃孩子。

孩子是敏感的，也是单纯的，会简单地认为谁能陪伴他谁就是好，谁对他凶就是不好，却不会过多考虑"凶"背后的动机。而小盼同样是敏感的，她只会认为男友是失去了耐心，其实并没有真正接受孩子的存在，却全然忽略了小陈也只是一个尚未真正成熟的男孩。

尽管小盼最终放弃了这段爱情，但她如果不能够改变自己的心态，在接受伴侣之后不仅是要和伴侣进行感情上的交流，同时也要和伴侣就孩子教育的问题上达成一致，她永远都不会找到自己心目中合适的伴侣。

一个带着孩子的离异人士遇到合适的对象，总会陷入这样一个误区，会优先将孩子的感受放在首位，会用孩子和他是否能够在一起当作标准，而非是自己的感受。实际上，孩子是可以正确引导、培养感情的，而这些并不仅仅是伴侣要做的事情，更应该由自身亲力亲为，因为对于孩子而言，你才是那个最亲近、最值得信任的人，而不是将这些问题都推给新的伴侣，在两个成年人还没

爱情保卫战
捍卫你的婚姻

有充分磨合之前，就让他必须先和孩子完成磨合，如果孩子稍有不快，就将所有责任都推到伴侣身上，这实在不是个明智之举。

请珍惜我们得来不易的爱情（节目日期：2016年3月9日）

主人公：小周（男，36岁，来自湖南，厨师）＆小严（女，27岁，来自湖南，无业）

保卫战主题：青梅竹马各自失败了一次婚姻之后，好不容易在一起了，但是却和各自的孩子关系不好。

　　小周和小严原本是一对老邻居，两个人从小就认识，玩得也很好。后来因为搬家等原因，两个人分开了，等到他们再次相遇的时候，赫然发现两个人的生活轨迹非常相似，都曾经有过一段失败的婚姻，各自都有一个孩子。这一次相遇，让他们都有一种"兜兜转转再次遇见你"的感悟，于是非常自然地走到了一起，重新成立了一个新的家庭。

　　尽管在法律上女儿判给了小周，但实际上，小周的女儿、小严的儿子平日里都是和他们的前任一起居住，两个小孩来到他们身边的次数比较有限，可即便如此，他们两个人也常常因为孩子的原因导致矛盾重重。

　　小周的女儿年纪比较大，小严原本也想要和孩子处理好关系，但事实却不像她想的那样。小周女儿第一次见到她的时候就问："你是怎么认识我爸爸的？"小严就如实回答，说原本两个人就认识，从小一起长大，后来搬家中断了联系，现在又遇见了。但小周女儿却怀疑她就是破坏自己父母婚姻的"罪魁祸首"，还让母亲打电话给小周。小周认为，小严不应该和孩子说起这些事情，破坏了他在女儿心中父亲的形象。小严解释说自己并没有说，是女儿自己理解错了。

因为这个误解，小周的女儿对小严总是充满了敌意，再加上小严当时辞职在家没有收入，导致小周的女儿更是认为她就是那种"好吃懒做，找个人当依靠"的坏女人，所以平时她即便是来到父亲身边，对小严也是视而不见。而小严也觉得自己满腔热情换来的却是对方的冷言冷语，也就冷淡下去。

后来，小周的女儿被检查出患有比较严重的糖尿病，每天都需要注射胰岛素。小周就想，既然小严不上班，不如就好好照顾女儿吧。可是小严并不愿意，一方面是她和小周女儿的关系并不好，如果照顾好了没什么事情，如果照顾不好，所有的责任都变成她的了；另一方面，小严觉得自己整天操持家务已经很辛苦了，可这些付出在小周眼里根本就不算什么，这种认知让她感到非常委屈，自己如果稍微有点懈怠，小周就会"鼻子不是鼻子，嘴巴不是嘴巴"。

除了小周女儿之外，小严的儿子也成为他们之间矛盾日增的主要原因。小严的儿子更多的时候还是和自己的亲生父亲一起生活，所以来到小严身边的次数少之又少，每一次见面小严都恨不得想要把所有的爱都弥补上。可是小周对于她的儿子态度非常恶劣，尤其是在喝酒之后，甚至还会对儿子动手，这个举动让当妈的小严非常心疼。到后来，小周发展到当着儿子对小严动手。

现在，小周的前妻准备结婚了，所以便提出想让女儿回到小周身边，让他也要尽一些做父亲的义务。小周再一次要求小严必须承担起照顾女儿的重担，因为他还要赚钱养家。可是，小严一想到每次小周女儿来这里短住，就要被小周不停地挑剔，坚决反对。

对此，她也自己反思过，自己对于小周而言究竟是什么，是妻子吗？其实不是，只是一个保姆，可是她不想要放弃这段感情，就想着自己先出去找一份

工作，重新找回独立和自信，可这个想法也遭到了小周的强烈反对。他更希望自己的新伴侣能够一心为家、照顾他、照顾他生病的女儿……

✿ 丘比特问卷专家妙语

　　演员杨志刚：现在的离婚率很高，做继父的、做继母的人很多，面对着不是自己亲生的孩子，想要视同己出，这的确很难。你们两个人都是离婚之后再走到一起，一个是继父、一个是继母，这角色本身就很难扮演，想扮演好真的很难。但是我想说，女方刚才提到了，男方打过她和她的儿子，这叫家庭暴力，是非常错误的。家庭暴力，如果过分了，不仅不能帮助你的女儿治病，厨师的工作也会丢，甚至还要负法律责任，那你的家庭将面临更大的窘迫。还有一个你们说完了之后，我特别想从孩子的角度来看这个事情：作为一个十岁的女孩，本身父母离异，和新来的阿姨（女孩并没有改口叫母亲）关系并不好，自己又得病了……男方强调女儿跟着前妻生活，只是想要接过来治病。杨志刚继续说：是的，不管女孩跟着母亲，还是父亲，她都无法得到完整的父爱和母爱，她的生活是缺失的，所以当你关注女儿身体健康的同时，也要关注她心里的健康。可是，女方年仅四岁的儿子已经将你当作自己的父亲，已经改口叫爸爸了，你就应该用你最大的善意来对待他。对女方而言，你已经经历过一次失败的婚姻，你一定知道婚姻的难处，如果你对眼前这个男人还有爱意，就应该陪伴他渡过难关。女方解释说，如果小周对自己好，能够把自己放在心上，自己受什么委屈都无所谓，为这个家做什么事情都可以。杨志刚继续说：男方你看，女方并没有说不愿意，而是觉得你对她不够好，你应该拿出自己全部热情，狠狠地对她好。

　　导演郭振宇：女方认为自己和男方之间的感情是一种缘分的安排，原本是青梅竹马，后来断了联系，再次相遇之后还能够走到一起，这的确是一段值得高兴的缘分，但是你忽略了一点，你所倾诉的对象是谁？这个小姑娘会多想，你的爱情再美好，女孩都不会被感动，因为她并不清楚自己的爸爸妈妈离婚是为了什么，猛然听到这样的感情，自然就将这种敌意转嫁到女方身上。你很贸然地就和女孩说了，但没有站在她的角度去思考。像你们这样的半路夫妻一定要学会站在对方的角度去替对方着想，才能维护好关系。女方想让对方对自己好，就应该不停地对他女儿好，甚至可以好到让他自己觉得过意不去，他就一定会对你更加好；男方想让她对自己的女儿好，永远都不能打她和她的儿子，还得对她特别好，使劲儿地爱她。所以这种关系就必须这样做才行。

爱情导师涂磊：先问女方，你和他结婚的时候知道他有孩子吗？知道法律上孩子判给他了吗？知道迟早有一天这个孩子会回到父亲身边和你们一起生活吗？女方说，情况都知道，但实际上并没有考虑那么多。涂磊继续说：有些问题我不知道是巧合，还是有人故意而为之。男方离婚，在法律上孩子判给了他，但是孩子现在和前妻一起生活，他给出的解释是地点更方便。无论如何，在你们两个人结婚的时候，女儿一直是前妻抚养，现在前妻要结婚了，就想要把孩子送回来。给我的感觉，对小周和前妻而言，这个孩子就好像是个拖油瓶似的，似乎会阻止每个人的幸福。女方，如果你没有儿子，你会选择已经有了女儿的小周吗？女方回答说，如果我喜欢这个人，我会选择他。涂磊接着问，那当初你们两个人为什么没有走到一起？女方回答说当初只觉得是朋友，没想过那么多。涂磊问男方，如果你没有女儿，你会选择有儿子的她吗？男方坦然地说，不会，因为觉得自己就应该找一个心爱的女人和她生个儿子，而不是她有儿子。涂磊回答说，我首先谢谢你的坦诚。所以我们马上就能看出来，女方就是傻傻的，她根本就没有想过男方的孩子将来是否要回到这个家庭，因为她是真的爱这个男人，并且她刚才说，即便我是个单身女人，即便对方有女儿，只要我爱他，我也愿意。这句话我相信。可是男方却抱着现实主义，这也正常，只是你没有她那样单纯。对于你们这对再婚的半路夫妻而言，女方寄予的感情希望更高，男方务实主义更强，所以才会导致在现实生活当中，女方要求的是被理解，而男方要求的是解决问题。更直白一点说，女方想要找的是丈夫，而男方要找的是后妈，你们两个人对婚姻的诉求根本就不一样。女方，你想想看，他对生命当中三个最重要的女性角色，其实都没有负什么责任。如果前妻认可他，就不会和他离婚；法律上把女儿判给了他，女儿却跟着前妻生活，尽管他口口声声说是为了女儿上学更方便，但是作为一个男人，应该是自己承担的责任就要去做；现在他找到了你，也没有吸取上一次婚姻的过错而备加珍惜，他打过你，而且也不理解你的感受。我相信他和前妻离婚的原因不仅仅是因为家暴，也因为他太过现实和自私。他总是在说，你为什么不能帮我呢？为何不能帮我解决问题呢？可为什么就不能自己承担呢？他一直抱着一种自私和功利的想法看待婚姻，希望自己的伴侣宁可不爱自己，也要帮自己承担生活的重任，这就是你们在婚姻诉求上极不匹配、极不平衡的一点。刚才嘉宾说对待孩子要视如己出，继父和继母都很难做，那就退一步说，不要视如己出，至少相敬如宾能做到吧？可是男方竟然可以对一个年仅四岁的孩子说，我不是你爸爸！要知道四岁的男孩是刚刚开始认知这个世界的时候，他愿意改口叫另外一个人爸爸，你怎么能说得出口？在那个瞬间你怎么就那么无情呢？还有当男方家暴之后，竟然还能口口声声说我喝醉了，所以才打人的。那如果我现在喝醉了，是不是也能打你一顿呢？所以女方，他种种借口都说明他并没有把你当成妻子，更没有把你的儿子当成自己的儿子，甚至是自己的女儿他都没有承担起作为父亲应该承担的抚养义务，他对他的前妻也没怀有太大的愧疚，这样一个男人，还是让别的女人去收拾他吧。

✿ 黄金60秒

小周：我还是希望你能够不出去工作，好好照顾我女儿，我会改变，我不会再动手打你，我知道错了，我以后会对你好的。

小严：听了刚才老师们的话，我也有所反思，以前对你女儿的做法我也有不足的地方，我也认识到错了。至于你打人以及其他事情，我是真的很寒心，我一点都感觉不到你的关心和爱，所以我还是需要考虑一下我们之间的感情。

小周：我会改变自己的。

战争结果：女方愿意原谅丈夫，两个人重新面对生活中的艰难。

❀ 小编点评：半路夫妻更应该多些包容和理解。

如果说单独讲述小严和小周爱情的前半段，那应该是非常美好的缘分，甚至符合偶像剧中的设定，兜兜转转才发现原来我今生注定了要和你在一起，曾经受到的情感创伤都是为了让我学会如何爱你。但等爱情进入了婚姻之后，才发现所有的美好不过是想象，生活仍然是一地鸡毛。

看似是他们和各自孩子之间的矛盾，但实际上更重要的是两个人本身的矛盾：小周的务实，让小严觉得这场婚姻充满了算计，所以她不愿意为了家庭付出自己的所有；小严的拒不配合，让小周觉得妻子根本就不懂得体谅自己，所以对待继子表现出不该有的嫌弃。

那么究竟是什么让这对感情来之不易的夫妻变成现在这般模样呢？正如涂磊老师所言，两个人对婚姻本身的定位非常不同，对伴侣的诉求也大相径庭。男方认定的妻子并非是精神上的伴侣，而是生活中能够辅助他、照顾他的人，而自己只需要成为家庭经济上的支柱；而女方认定的丈夫首先是要能够和她在精神上交流，其次才是生活中的支柱，而自己则是家里的女主人。

这种差异是无法克服的吗？当然不是，赵川在现场多次询问女方，问她是否愿意为了眼前这个男人，去克服生活中的种种艰难？女方的回答耐人深思，她说，只要让我觉得他爱我、重视我、在乎我，我是愿意去做的。言外之意就是，如果你爱我，我可以为了你付出一切，但是所做一切的前提都是爱。

爱，是一种无形的力量，尤其是在再婚家庭中，如果有了爱，自然就能包容对方身上的很多缺点，也能做到爱屋及乌，包容他的子女。同样，他看到新伴侣对自己的子女非常之好，自然也会用同样的态度去回报。

而案例当中的小周和小严却将所有的顺序弄反了，小周在不停地要求妻子对自己的孩子好，才能对她和她的孩子好；而小严却不停地在要求，你必须先对我好，我才能对你的孩子好。这样的争论是没有任何结果的，最终只能是再次离婚收场，不仅是对两个成年人的伤害，同样也让孩子跟着遭了罪。

想要让对方对自己和孩子好，就应该以身作则，对对方多一些包容和理解，让她充分感受到伴侣的爱意和家庭的温暖，再去谈论现实中的种种难处。所幸的是，他们经过了嘉宾和导师的调节，懂得了感情来之不易，愿意重新开始。

✿爱情感悟：再婚，更需要彼此之间的情感诉求达成一致。

再一次走入婚姻，对很多人而言，是来之不易的，可是再婚家庭比初婚的家庭要面临更多的问题和矛盾，比如经济问题、和前任如何处理关系，以及孩子的接纳和教育问题。这些问题如果不能得到很好的处理，不仅会影响夫妻间的关系，甚至就连两个人的原生家庭都会受到影响。

经济问题，其实是很多人非常关注却又羞于启齿的问题，尤其是在涉及双方都带着孩子的情况下，经济上的问题往往会成为夫妻双方的心头刺。每个家长都愿意倾尽自己的所有给孩子创造出最好的成长环境，可是一旦再次选择婚姻，就等于要将原本属于孩子的一部分拿出来分享给自己的伴侣，如果伴侣还带着一个孩子，那也要和继子分享。

有些人会想当然地在再婚家庭里施行 AA 制，认为这样就能够完全杜绝再婚后的经济纠纷。可是时间长了，尤其是在双方经济实力比较悬殊的情况下，经济实力比较弱的一方内心就会产生极大的不满，并且会因此而质疑伴侣、质疑婚姻；而经济实力比较好的一方则会因为伴侣的种种变化认为对方是不是就是看上了自己的经济实力……

对伴侣的孩子的接纳、教育等问题，也是让很多再婚人士头痛的问题，继父也好、继母也罢，想要做好都是非常困难的。面对着不是自己亲生的孩子，太过严格要求会被别人说是虐待孩子，什么都不管又被说是当个甩手掌柜，甚至也有人做了自己该做的事情，却落了个里外不是人。

上述两个案例当中，都出现了这样的情况，那么该怎么处理呢？其实最关键的一点，很多人都没有想到，或者说是没有做好充分的准备。首先，两个成年人需要事先沟通，了解彼此对这段新的感情的最大期待和真正诉求，彼此达成一致之后，再来谈其他问题，自然也就水到渠成。

这两对嘉宾对此都没有做好充分的准备，过分关注了孩子的事情，从而忽略了伴侣的本体是他们两个成年人之间的感情交流。家庭对于孩子的确非常重要，但是如何创造一个和谐温暖的家庭要依靠两个成年人来完成，而不是说只要求其中一方不停地付出，全然不顾对方的感受和想法，这样做只能让孩子受到二次伤害。

后记：婚姻不易，且行且珍惜

钱钟书曾经这样写道："婚姻是一座围城，城外的人想进去，城里的人想出来。"

婚姻究竟是什么？究竟是爱情走到了柳暗花明的港湾，还是进入了残酷现实的坟墓？这几乎是个没有标准答案的问题，更是个"冷暖自知"的问题。

几乎每个准备步入婚姻的人，内心都满怀着对婚姻的憧憬和向往：和心爱的人过上几年甜蜜的二人世界，在期待和充足准备后共同迎来爱情的结晶，共同养育孩子茁壮成长，携手走完一生。就如同每个童话故事的结尾一样，王子和公主历尽了千难万险终于过上了幸福美满的生活。

可童话是无法存在于现实的，即便是拥有了深厚的感情基础，也需要面对婚姻中产生的种种问题，套用那句老话："婚姻是需要经营的。"

经营婚姻，说起来容易，可如果真的要做起来却困难重重，因为婚姻本身包含了太多现实的因素，也涉及到更多的家庭成员。恋爱时期，所有的问题都只停留在二人世界之中；可婚姻阶段，哪怕是一个小问题、小矛盾如果处理不当，都有可能成为争吵的导火索。

如果这次小问题没有解决，并不会因为时间而逐渐平淡，而是会成为一颗隐形的炸弹，不知道在未来的什么时候再次爆发，形成更大的隐患。久而久之，两个人之间的裂痕越来越大，那还何谈幸福呢？

幸福的婚姻都是相似的，不幸的婚姻各有各的问题。我们无法将所有的问题都一一收录在书中，只能从中挑选出最具代表性的几个大问题，其中包含了门当户对、婆媳关系、携手互助、有效沟通、共渡难关、生儿育女、忠诚等。这些都是婚姻中最常见的基本问题，却能够成为婚姻中最大的"隐形杀手"。

《爱情保卫战》是一档延续八年、获奖无数的"金牌"节目，也有很多对夫妻在这里成功地解决了问题，或许这本书并不能真正解决所有的婚姻问题，但是希望能够以点带面，能够给广大读者带来一些建议，能够经营出幸福的婚姻，和爱的人携手共白头。

爱情保卫战
捍卫你的婚姻